野菜が主役の晩ごはん

青山有紀

集英社

はじめに

「旬の野菜を子供にたくさん食べさせたい」
「遅く帰った夫に、体によく、でも満足感のある料理を出したい」
「余りがちな野菜を使い切りたい」
「簡単だけど手抜きに見えないレシピが知りたい」etc.…

LEEの連載では、家族を大切に思い、
ちゃんとごはんを作っている読者の方々の要望が
とてもよく見えていたので、
料理のアイデアは、次々と浮かんできました。

旬の食材を選び、主菜＋副菜の献立作りでいえば、
メインがパンチのある味なら、副菜はお酢でさっぱりとか、
引き立て合うような味や香りや食感を意識しています。

野菜というのは、同じ時、同じ場所でとれたものでさえ、
ひとつひとつが個性豊かで、決して同じ料理にはなりません。
家族で囲む食卓も、実は毎回「今だけのもの」であることを、
野菜が教えてくれるように思います。

青山有紀

2　はじめに

春　SPRING

8　春の野菜のおはなし
　　春キャベツ・新じゃが・新にんじん・たけのこ・
　　スナップえんどう・グリーンアスパラガス・新玉ねぎ

10　春キャベツとアサリとベーコンの蒸し煮

12　春キャベツのポトフ／にんじんの卵炒め

14　焼き春キャベツ

15　春キャベツとかぶとお豆のマリネ

16　新じゃがと鶏肉のスープ煮 ねぎみそ添え

18　新じゃがと鶏手羽の甘辛揚げ／菜の花の辛子ごま和え

20　揚げ新じゃがの甘辛タレからめ

21　土鍋肉じゃが

22　小アジと新玉ねぎの南蛮漬け／スナップえんどうのナムル

24　新玉ねぎと豚肉のグリル

25　新玉ねぎのそぼろあんかけ

26　甘酢にんじんのちらし風混ぜごはん

27　新にんじんのチヂミ

28　たけのこと鶏肉のバターじょうゆ炒め／そら豆のおひたし

30　スナップえんどう、たけのこ、鶏肉のねぎしょうが炒め
　　／セロリの葉の和え物

32　菜の花とシラスのチャーハン

33　菜の花とホタルイカのぬた

34　アスパラと豚肉のしょうが風味あんかけ／パプリカのきんぴら

36　アスパラ、きのこ、牛肉のオイスターソース炒め
　　／おかひじきとみょうがのさっぱり和え

38	焼きアスパラガスと焼きそら豆
39	アスパラガスとワカサギの天ぷら

ごはんを囲む、春のおもてなしアイデア

40	新ごぼうと牛肉の混ぜごはん
	／かぶの梅しそおかか和え／豆腐とせりのみそ汁
44	いり大豆と桜エビの炊き込みごはん
	／たらの芽のフリット／鶏そぼろとパプリカのピリ辛みそ炒め

夏　SUMMER

48	夏の野菜のおはなし
	レタス・なす・ゴーヤー・オクラ・ピーマン・トマト・とうもろこし
50	豚肉とトマトと卵の炒め物／ししとうの衣蒸し
52	カジキマグロのソテー　オクラとフレッシュトマトのソース
	／ピーマンとのりのナムル
54	蒸し鶏とミニトマトのさっぱりねぎソース
	／オクラ、ワカメ、シラスのおひたし
56	ミニトマト入り豚肉のしょうが焼き
57	ミニトマトとワカメのサラダ
58	なすの肉はさみ煮／枝豆のおひたし
60	豚肉となす、パプリカのしょうが焼き／ゴーヤーの梅和え
62	なすと豚バラと厚揚げの甘みそ炒め
63	なすとシラスの香味ナムル
64	オクラの肉巻き照り焼き／じゃがいもの甘酢和え
66	とうもろこしとおじゃこの焼き飯／オクラと豚しゃぶのサラダ
68	レタスの肉野菜包み／ミニトマトのサラダ
70	肉詰めピーマンとレンズ豆の煮込み
71	ピーマンの塩昆布和え

秋 AUTUMN

- 72 秋の野菜のおはなし
  さといも・しめじ・かぼちゃ・さつまいも・青梗菜・れんこん・しいたけ・まいたけ
- 74 かぼちゃと鶏肉のカレークリームシチュー／キャベツとハムのサラダ
- 76 かぼちゃと豚肉のチーズ焼き
- 77 かぼちゃの豆乳スープ
- 78 じゃがいもと秋サバのマリネオーブン焼き／タコとアボカドと香菜のサラダ
- 80 肉じゃが
- 81 タラモサラダ
- 82 サーモンと長いものにんにくバターじょうゆ焼き／かぶのなます
- 84 さといもと豚だんごの煮物／小松菜と桜エビの和え物
- 86 さつまいもとお豆のおかゆ／明太子とねぎとのりの和え物
- 88 しいたけ、ねぎ、豚肉の蒸し煮
- 89 しいたけとねぎのバターじょうゆ焼き
- 90 きのこと鶏肉、切り干し大根のバターじょうゆ炒め／春菊とりんごのサラダ
- 92 豚肉ときのこのキムチ鍋スープ
- 94 青梗菜と肉団子のオイスターソース炒め
- 95 青梗菜と桜エビとしょうがの和え物
- 96 れんこんとブリの唐揚げ 甘酢あんかけ／水菜とお揚げの煮びたし
- 98 れんこんとひき肉のチヂミ／もやしとにらの和え物
- 100 手羽先とれんこん煮

WINTER

- 102 冬の野菜のおはなし
  大根・白菜・小松菜・ブロッコリー・かぶ・カリフラワー・ほうれん草
- 104 大根と塩豚のポトフ／切り干し大根と三つ葉の炒めなます
- 106 小松菜と厚揚げと豚肉の炒め物／大根と梨とホタテのサラダ
- 108 ロール白菜／カリフラワーとブロッコリーのアンチョビーソース
- 110 白菜、がんも、鶏肉の煮物
- 111 焼き白菜
- 112 ほうれん草、牛肉、春雨のチャプチェ風
- 113 ほうれん草と明太子の卵焼き
- 114 タラとほうれん草の山いもグラタン／水菜とりんごのサラダ
- 116 ごぼう、ほうれん草、牛肉のすき焼き風／キャベツとすだちのナムル
- 118 ブロッコリーと豚肉のカレーフリット／にんじんサラダ
- 120 カリフラワー、じゃこ、ちくわののりかき揚げ
- 121 カリフラワーのツナ和え
- 122 かぶとお揚げの袋包み煮／かぶの葉としめじの辛子ごま和え
- 124 かぶ入り鯛めし
   ／キャベツと青じそのレモン浅漬け シラスのせ
- 126 かぶとエビの豆乳グラタン
- 127 かぶとトマトのサラダ

この本の決まりごと

・大さじ1は15㎖、小さじ1は5㎖、1合は180㎖です。
・揚げ油の温度は160℃(低温。乾いた菜箸を入れて、小さな泡がぽつぽつ出る程度)、170℃(中温。菜箸の先から細かな泡が絶え間なく出てくる程度)、180℃以上(高温。菜箸全体から大きな泡がたくさん出てくる程度)を目安にしてください。
・酒は無塩の日本酒、塩は天然の塩を使用しています。
・太白ごま油は、香りのない植物油でも代用できます。
・分量にある「適量」とは、味見をして、そのときの好みに応じて調節した量のことです。
・味つけは、素材の水分や作る人の味覚、その日の体調によって変わるので、レシピの分量を目安に味見をしながら調整してください。

春 の野菜のおはなし
SPRING

春キャベツ、新じゃが、新玉ねぎ……。
一年中ある野菜でも、春に出るものは
みずみずしくて甘味が濃いのが特徴です。
芽吹きの季節の「力」を味わって！

春キャベツ
春は新しい生活がスタートする時季。慣れないことが多く、ストレスもたまりがちです。ストレスからくる胃腸の疲れや胃もたれには、キャベツがおすすめ！　胃腸の機能を整えてくれる働きがあります。

新じゃが
じゃがいもは「気」を補う作用があるので、疲れを癒してくれて、元気になれます。胃腸の調子を整え、便秘を予防する働きも。また、体を温めてくれる鶏肉と一緒にとるのもいい組み合わせです。

新にんじん
春のにんじんはやわらかくて甘味があり、フルーツのようにおいしい。たいていの食材は食べすぎると陰陽のバランスを崩すことがあるけれど、にんじんは毎日食べ続けても大丈夫。いいことしかない珍しい野菜です。

たけのこ
たけのこをはじめ、ふきのとうや菜の花など、アクがあったり、ほろ苦い春の野菜には解毒作用があります。冬の間にためこんだものを、春は排出する必要があり、体の中をすっきりさせてくれます。

スナップえんどう
スナップえんどうはえんどう豆の仲間ですが、解毒の働きがあり、体の中の余分な水分を排出してくれるので、むくみの解消にも効果的。疲れた体を復活させ、胃腸にもやさしい。

グリーンアスパラガス
アスパラガスにはむくみなどを取る毒出し作用のほかに、体内の余分な熱を冷まし、きれいな水分で体を潤す働きがあります。免疫力もアップするので、元気が出てきます。

新玉ねぎ
甘くて火が通りやすいので、調味料代わりに甘味として使うことも。生で食べれば辛味成分が疲れを癒し、デトックス効果もあります。「気」を巡らせる作用があるので、まだ寒い春先などにおすすめです。

春キャベツとアサリとベーコンの蒸し煮

やわらかくて、生のままでも甘い春キャベツ。
水を入れないことで、うま味をぎゅっと凝縮させます。

●材料・2人分
春キャベツ……300g
アサリ……200g
ベーコン……30g
にんにく……½かけ
オリーブオイル……小さじ2
酒……大さじ2

●作り方
1　アサリは3％の塩水に入れて暗いところに1～2時間おいて砂を吐かせ、よく洗う。
2　にんにくは芯を取ってスライス、ベーコンは1cm幅に、春キャベツはざく切りにする。
3　大きめのフライパンにオリーブオイル、にんにく、ベーコンを入れて火にかける。にんにくからいい香りがしてベーコンから脂が出たら中弱火にし、キャベツを加えて少し焼く。
4　うっすら焼き色がついたらアサリと酒を加えてフタをして弱火にし、アサリの口が開いたら味見をして、足りなければ塩（分量外）で味を調える。
※貝のうま味をキャベツにしっかり含ませて。

春キャベツのポトフ

キャベツは芯をつけたまま、切るのがポイント。煮てもバラバラにならずに、きれいに仕上がります。にんじんやじゃがいもを入れてもおいしい。

●材料・2人分
鶏もも肉……1枚
春キャベツ……150g
新玉ねぎ……1個
セロリ……60g
にんにく……1かけ
ウインナ……2本
A│昆布……10cm角
　│酒……50mℓ
　│水……600mℓ
塩、こしょう……各適量
柚子こしょう……少々
マヨネーズ、
　にんにくのすりおろし、
　細ねぎ……各少々

●作り方
1　鶏肉は血やすじを取り、塩小さじ1を全体に振ってすり込み(a)、20～30分おく。
2　春キャベツと玉ねぎは縦半分に切り、セロリはすじを取って半分の長さに切る。にんにくは芯を取ってつぶす。
3　①の水気をキッチンペーパーできれいにふき、厚手の鍋に入れる。玉ねぎ、セロリ、にんにく、Aを加えて火にかけ、煮立ったらアクを取り、火を弱めてフタをして15分煮る。火を止めて、食べるまで時間がある場合は、そのままフタをして蒸らしておく。
4　食べる前に鶏肉を取り出し、食べやすく切って鍋に戻す。キャベツとウインナを加え、火が通るまで煮て、塩、こしょうで味を調える。
5　器にスープごと盛り、大人用に柚子こしょう(または粒マスタードなど)、子供用にはマヨネーズににんにくのすりおろしと小口切りにした細ねぎを混ぜたものを添える。
※③で入れたにんにくは、好みで食べる前に除いてもよい。

塩は両面全体にまんべんなくすり込む。余分な水分と臭みを取り、塩味をつける役目

にんじんの卵炒め

にんじんは炒め始めると、わりとすぐにしんなりするので、短時間で作れます。千切りの代わりにスライサーを使っても。

●材料・2人分
にんじん……100g
卵……1個
薄口しょうゆ……小さじ¼
ごま油……小さじ1
塩……ひとつまみ
こしょう……少々

●作り方
1　にんじんは千切りにする。
2　卵は割りほぐし、薄口しょうゆを加えて混ぜておく。
3　小さなフライパンにごま油を熱し、にんじんを炒める。塩、こしょうを振り、しんなりしたら溶き卵を一気に加え、からめるように混ぜて火を止める。
※火加減はずっと強火で。

じんわりやさしい味の春野菜と鶏肉に、とびきりおいしいスープもたっぷり！

焼き春キャベツ

強火でキャベツに焦げ目をつけ、香ばしさをうま味に。
大盛りひと皿を、ぺろりと完食してしまうおいしさです。

◉材料・2人分
春キャベツ……½個(約500g)
にんにく……1かけ(芯を取ってつぶす)
太白ごま油……大さじ3
酒……大さじ1
ナンプラー……小さじ1
塩……ふたつまみ
粗びき黒こしょう……適量(好みで)

◉作り方
1　春キャベツはざく切りにして(芯は棒や包丁の柄でたたいて少しつぶす)ボウルに入れ、ごま油と塩をからめる。
2　フライパンを温めてにんにくと①を入れ、中強火でキャベツを焼きつけてから酒を入れ、フタをする。
3　キャベツが少ししんなりしたらナンプラーを入れて味見をする。好みで塩(分量外)を足して味を調え、くったりしすぎないうちに皿に盛り、黒こしょうを好みで振る(この間3分くらい。時折フタを取って混ぜる)。

春キャベツとかぶとお豆のマリネ

1個丸ごとキャベツを買っても、なかなか使い切れないもの。
そこで塩でもんでかさを減らし、マリネに。ディルの香りが欠かせません。

●材料・2人分
春キャベツ……200g
かぶ……1個
ゆでた豆(キドニービーンズや
　ヒヨコ豆など)……120g
ディル……2本
酢……大さじ2
塩……小さじ1/8〜1/4
白こしょう……少々
オリーブオイル……大さじ3

●作り方
1　春キャベツは千切りにし、かぶは茎を切り落とし、皮ごと5mm厚さにスライス。一緒にボウルに入れて塩少々(分量外)を振り、しんなりして水が出てきたら洗って絞る。
2　ボウルに酢、塩、こしょう、オリーブオイルを入れて混ぜ、とろっとするまでよくかき混ぜ乳化させる。①と豆、茎からちぎったディルを加えて和える。

新じゃがと鶏肉のスープ煮 ねぎみそ添え

鶏のスープを吸ったじゃがいもが美味。
ねぎみそを足しながら、自分好みの味でどうぞ。

◉材料・2人分
新じゃが……250g
鶏骨付き肉……2本(約150g)
新玉ねぎ……1個
酒……大さじ1
塩……小さじ1/2〜(味をみて)
しょうがの薄切り……1枚
にんにく……1/2かけ
A│ねぎのみじん切り……5cm分
 │麦みそ……大さじ1
 │出来上がったスープ……小さじ1

◉作り方
1 鶏肉と水400mlを火にかけ、煮立ったらアクを取る。弱火にして粗くつぶしたにんにくとしょうがを加え、フタをして肉がふわっとやわらかくなるまで30分ほど煮る。
2 新じゃがは洗って水少々を入れた鍋に入れ、フタをして蒸し、熱いうちに皮をむく。玉ねぎは皮をむき、厚めに切る。
3 ①に②と塩、酒を加え、玉ねぎがほぼ完全にとろけるまで煮たら塩で味を調える(ここでは薄味に)。Aの材料を混ぜ、添えていただく。

新じゃがと鶏手羽の甘辛揚げ

揚げるときは、時々上下を返し、新じゃがは竹串がすっと通るまで、手羽先は菜箸でさわるとカリッとするまでが目安。

●材料・2人分
新じゃが……4個
鶏手羽先……6本
片栗粉……適量
揚げ油……適量
こしょう……適量
白ごま、塩……各適量
タレ
　しょうゆ……大さじ1½
　みりん……大さじ2½
　きび砂糖……大さじ½
　しょうがの薄切り……1枚
　にんにく……½かけ

●作り方
1　新じゃがは洗って、皮ごと半分に切って水気をふく。
2　手羽先は先を切り落とし（a）、キッチンペーパーなどで水気をふき、片栗粉をまぶす。
3　フライパンに深さ1cmほど揚げ油を入れ、油が冷たい状態のまま、じゃがいもを入れて中火にかける。油が温まってはじけてきたら、手羽先も入れて揚げる。
4　その間にタレを作る。にんにくは芯を取ってつぶし、残りの材料とともに小鍋に入れて火にかける。煮立ったら火を弱め、2～3分煮詰めて火を止める。こしょうを多めに振って混ぜておく。
5　③がきつね色にカリッと揚がったら、取り出して油をきる。手羽先だけ④に加えてタレをからめ、器に盛ってごまを振る。じゃがいもも盛って、熱いうちに塩を振る。

a　手羽先は立てて、骨のつなぎ目を包丁で切る。切り落とした部分はスープのだしなどに

菜の花の辛子ごま和え

さっと作れる春らしい副菜です。
菜の花のほろ苦さが、辛子やごまの香りと相性抜群！

●材料・2人分
菜の花……¼束（約40g）
A　練り和辛子……小さじ½
　　きび砂糖……ひとつまみ
　　薄口しょうゆ……小さじ½
　　白すりごま……大さじ1

●作り方
1　菜の花はゆでて水にさらし、水気を絞る。食べやすく切り、もう一度水気を絞る。
2　ボウルにAを入れて混ぜ、①を加えて和える。

揚げたての熱々を頬張れば
新じゃがはホクホク、
手羽先は香ばしくて幸せ!

揚げ新じゃがの甘辛タレからめ

蒸したじゃがいもを、甘辛タレでコーティング。
ピリッとした辛味でごはんが進みます。

●材料・2人分
新じゃが……300g
揚げ油……適量
白いりごま……適量
A│しょうゆ……大さじ1½
 │コチュジャン……大さじ1½
 │きび砂糖……大さじ1
 │水……大さじ2
 │にんにくのすりおろし……少々

●作り方
1　新じゃがは洗って水少々を入れた鍋に入れ、フタをして蒸し、熱いうちに皮をむく。
2　Aの材料を別の小鍋に入れておく。
3　①を170℃の油で揚げる。
4　②を火にかけ、よく混ぜながら煮立たせる。少しとろみがついたら、熱々の③を入れてからめて火を止め、ごまを振る。

土鍋肉じゃが

土鍋は火の入り方が穏やかで、素材の味を逃がしません。
新じゃがの味をダイレクトに生かした肉じゃがです。

●材料・2人分
新じゃが……300g
新玉ねぎ……100g
鶏もも肉……100g
だし……150mℓ
酒……大さじ1
きび砂糖……大さじ1
しょうゆ
　……大さじ1と小さじ1
みりん……小さじ1
にんにくのすりおろし……少々
ごま油……小さじ1

●作り方

1　新じゃがは洗って皮ごと蒸し、熱いうちに皮をむく。

2　玉ねぎは皮をむき、厚めに切る。鶏肉は食べやすく切る。

3　土鍋にごま油を熱してにんにくを入れ、鶏肉と玉ねぎを炒める。鶏肉の色が変わったらだし、酒、砂糖、しょうゆを入れて沸騰したら中火にして、フタをして5分ほど煮る。

4　①を③に加え、みりんを加えて1〜2分煮、フタをして火を止める。粗熱が取れたら出来上がり。あれば青みのもの(分量外。グリーンピースなど)を飾る。

小アジと新玉ねぎの南蛮漬け

野菜を炒めすぎず、シャキッとした食感を残して。
サラダ感覚でいただける南蛮漬けです。

◉材料・2人分
小アジ……200g
新玉ねぎ……1個
セロリ……50g
パプリカ……50g(赤・1/6個くらい)
しょうがの千切り……10g
ごま油……小さじ1/2
片栗粉……適量
揚げ油……適量
南蛮酢
　酢……60㎖
　水……80㎖
　きび砂糖……大さじ1
　薄口しょうゆ……大さじ2
　酒……小さじ1
　赤唐辛子……1本

◉作り方
1　小アジはゼイゴとハラワタを取り、腹の中まできれいに洗って水気をふく。
2　玉ねぎは薄切りにする。セロリ、パプリカは千切りに。
3　南蛮酢を作る。鍋に水、砂糖、しょうゆ、酒を入れて温め、砂糖が溶けたら火を止め、酢と赤唐辛子を加える。
4　フライパンにごま油を熱し、②の野菜を軽く炒め、しょうがとともに③に加える。
5　①のアジに片栗粉をまぶし(腹の中まで丁寧に)、160℃の油でじっくり揚げ(a)、最後は強火にしてカリッと仕上げて取り出し、熱いうちに④に加える。
6　粗熱が取れたら出来上がり。
※アジが大きめの場合、二度揚げに。
※より辛さを加えたいなら、赤唐辛子は輪切りに。

重ならないように口の広いフライパンを使い、ある程度火が通るまでさわらないのがコツ

スナップえんどうのナムル

ゆでただけでもおいしいスナップえんどうを
塩とごま油だけで味つけ。

◉材料・2人分
スナップえんどう……1袋
ごま油……小さじ1/2〜1
塩……少々

◉作り方
1　スナップえんどうは左右両方のすじを取って熱湯でさっとゆで、冷水にとってザルに上げる。
2　さやを開いて豆を取り出し、さやは揃えて千切りにする。合わせてボウルに入れ、塩とごま油で味を調える。

さっぱり味の南蛮漬けと、豆のやさしい甘味。味と彩りのバランスが大事

新玉ねぎと豚肉のグリル

豚肉の肉汁を玉ねぎに移していただきます。
冷めてもおいしいので、パーティ料理にも。

●材料・2人分
新玉ねぎ……2個
豚ロース肉(トンカツ用)……100g
A│オリーブオイル……小さじ1
　│酢……小さじ½
　│塩……小さじ¼
　│白こしょう……少々
　│にんにくのすりおろし……小さじ½
オリーブオイル……小さじ2
塩……少々
柚子こしょう、粒マスタード、塩
　……各適量(好みで)

●作り方
1　豚肉はすじを切り、たたいてやわらかくしてひと口大に切る。Aを混ぜて、豚肉にもみ混む。
2　玉ねぎは皮をむき、¼に切って①と合わせ、ざっくり混ぜる。
3　耐熱容器に②を入れ(豚肉を玉ねぎの上にのせる)、全体にオリーブオイルをかけて塩をパラパラと振る。230℃のオーブンで25分焼く。好みでローズマリーなどハーブ(分量外)を一緒に入れてグリルしてもよい。
4　柚子こしょう、粒マスタード、塩などを添えていただく。

新玉ねぎのそぼろあんかけ

玉ねぎってこんなに甘かったのかと驚くはず。
しょうがの香りでうま味をふくらませます。

●材料・2人分
新玉ねぎ……2個
鶏ひき肉……70g
だし……200ml
酒……大さじ1
薄口しょうゆ……大さじ1
片栗粉……大さじ1
　（大さじ1½のだしで溶く）
しょうがのすりおろし……適量

●作り方
1　玉ねぎは皮をむいて縦半分に切る。
2　鍋にひき肉と酒を入れて火にかけ、箸でそぼろ状にいる。肉の色が変わったらだしと玉ねぎを入れてフタをして弱火で15分ほど、玉ねぎがやわらかくなるまで煮る。
3　薄口しょうゆを加えてひと煮立ちさせる。玉ねぎを器に入れ、だしに片栗粉を溶き入れたあんを玉ねぎの上から注ぎ、おろししょうがをのせる。
※皮が透き通り、とろりとしてきたら出来上がり。

甘酢にんじんのちらし風混ぜごはん

甘酢和えを混ぜるだけで
お寿司のような華やかなひと皿に。

●材料・2人分
新にんじん
　……1本(約130g)
塩……小さじ½
A｜きび砂糖
　　……大さじ1
　｜酢……大さじ2½
　｜塩……小さじ¼
菜の花……5本
温かいごはん……1合分
ちりめんじゃこ
　……大さじ3
白ごま……大さじ1
B｜溶き卵……2個分
　｜塩……ふたつまみ
太白ごま油
　……大さじ1

●作り方
1　にんじんは皮をむいて千切りにし、塩をからめて5分ほどおく。水気が出てきたら軽くもみ、さっと洗って絞る。
2　ボウルにAを入れて混ぜ、①を加えて和える。
3　菜の花は塩少々(分量外)を加えた湯でゆで、1cm長さに切る。
4　温かいごはんに②を加え(a)、切るようにして手早く混ぜる。じゃこ、ごま、③を加えて混ぜる。
5　フライパンに太白ごま油を熱し、混ぜ合わせたBを一気に入れて手早く混ぜ、いり卵を作る。④に加えて混ぜ、器に盛る。

ごはんは必ず炊きたての温かいものを。甘酢で和えたにんじんを混ぜると、ごはんが甘酢を吸収して、寿司めしのような味になります

余ったにんじんで
翌日のサブおかず

新にんじんのチヂミ

油多めでぎゅうぎゅう押しながら焼き、
重ねずに冷ますのが、カリッとさせるコツ。

●材料・作りやすい分量、
　直径約20cm×3枚分
新にんじん……1本(約130g)
卵……1個
薄力粉……80g
塩……小さじ½
太白ごま油……大さじ3
ごま油……大さじ1

●作り方
1　にんじんは皮をむき、太めの千切りにする。
2　計量カップに卵を割り入れ、水を足して150mℓにする。ボウルに入れて溶きほぐし、薄力粉と塩を加えて混ぜ、①も加えて混ぜる。
3　フライパンに太白ごま油大さじ1を入れて温め、②の⅓量を入れて広げる。下が少し固まったらすぐにひっくり返し、フライ返しで押して平らにする。さらにひっくり返し、また押してのばす。ごま油小さじ1を回し入れ、何度か返しながら焼き、火が通ったら取り出す。
4　同様に残りの2枚もそのつど、太白ごま油大さじ1とごま油小さじ1を加えて、カリッと焼き上げる。好みの形に切って器に盛り、そのままいただく。

たけのこと鶏肉のバターじょうゆ炒め

しょうゆとバターの香りが、ごはんにもパンにも合います。
生のたけのこをゆでて使うと、おいしさも格別！

●材料・2人分
たけのこ……小1本
A │ 赤唐辛子……1本
  │ ぬか……ひとつかみ
鶏もも肉……70g
ねぎ……1/3本
スナップえんどう……3〜4本(30g)
にんにくのすりおろし……小さじ1/4
オリーブオイル……小さじ1
塩、こしょう……各少々
バター……10g
しょうゆ……小さじ1
粗びき黒こしょう……少々
※スーパーなどで売られている、新鮮な
ゆでたけのこを使ってもOK。

●作り方
1　たけのこはよく洗い、先端を少し斜めに切り落とし、皮に切り目を縦に1本入れる(a)。鍋に入れてかぶるくらいの水とAを入れ、火にかける。沸騰したら弱火にし、フタをしないで40分〜1時間ゆでる。ゆで汁につけたまま、冷ます。
2　たけのこを取り出してぬかを洗い流し、皮をむく。100g分、薄いくし形に切る(残りは水につけて、冷蔵保存する)。
3　鶏肉はひと口大に切り、ねぎは斜めに切る。スナップえんどうは左右両方のすじを取って塩ゆでし、大きければ半分に切る。
4　フライパンにオリーブオイルとにんにくを入れて火にかけ、鶏肉を入れてあまり動かさずに焼く。焼き色がついたら裏返し、たけのこも加えて同様に焼きつけ、塩、こしょうを振る。ねぎ、スナップえんどう、バターを加えて炒め合わせ、しょうゆを回し入れて手早くかき混ぜる。
5　器に盛り、黒こしょうを振る。

皮に切り目を入れると、火が通りやすくなり、ゆでたあと、皮もむきやすくなります。ゆでる途中で湯が減ってきたら湯を足し、常にかぶっている状態に

そら豆のおひたし

あっという間にできる簡単レシピ。
旬のおいしさをシンプルにいただきます！

●材料・2人分
そら豆(さや付き)……6〜7本
塩……ふたつまみ
きび砂糖……小さじ1

●作り方
1　そら豆はさやから出し、薄皮もむく。
2　小鍋に水100mℓ、塩、砂糖を入れて火にかけ、沸騰して砂糖が溶けたら①を加える。30秒ほどゆで、色がグリーンに変わったら火を止める。
3　ゆで汁ごと器に盛り、そのまま冷ます。

香ばしいバターじょうゆと
にんにくの香りが
食欲をそそります

スナップえんどう、たけのこ、鶏肉のねぎしょうが炒め

スナップえんどうはかたいので、下ゆでしてから炒めます。
鶏むね肉は片栗粉をまぶすと、つるんとした口当たりに。鶏もも肉でもOK。

●材料・2人分
鶏むね肉(皮なし)……100g
A │ 酒……小さじ1
　│ 薄口しょうゆ……小さじ½
スナップえんどう……10本
ゆでたけのこ……100g
セロリ……50g
ねぎ……10cm
しょうが……20g
片栗粉……適量
ごま油……大さじ1
酒……大さじ1
塩……小さじ¼
こしょう……適量
薄口しょうゆ……小さじ½

●作り方
1　鶏肉は薄めのそぎ切りにしてボウルに入れ、Aを加えてもみ込み、10分ほどおく。
2　スナップえんどうは左右両方のすじを取って、ゆでる。たけのこはひと口大に切る。セロリはすじを取って、斜め切りにする。
3　ねぎとしょうがはみじん切りにして、合わせておく。
4　①の水気をふき、片栗粉を全体にまぶす。
5　フライパンにごま油を入れて弱めの中火にかけ、④の鶏肉とたけのこを入れて焼く(a)。鶏肉に火が通ったら火を強め、セロリ、③、酒を加えて炒める。塩、こしょうを振って混ぜ、なじんだらスナップえんどうを加えて軽く炒め、薄口しょうゆを回しかけて仕上げる。

鶏むね肉とたけのこは弱めの中火でじっくり焼くのがコツ。あまりいじらず、焼きつけます

セロリの葉の和え物

香りのいいセロリの葉の和え物は、削り節でうま味を、マヨネーズでコクをプラス。ごまも加えて、風味よく。

●材料・2人分
セロリの葉と細い茎……60g
A │ マヨネーズ……小さじ2
　│ 削り節……大さじ1
　│ 薄口しょうゆ……小さじ½
　│ ごま(金または白)……小さじ½

●作り方
1　セロリの葉と細い茎は、塩少々(分量外)を加えた熱湯でやわらかくなるまでゆでる。水にとって冷まし、しっかり水分を絞る。
2　①を1cm幅くらいに切ってボウルに入れ、Aを加えて和える。味をみて、好みで塩少々(分量外)を加える。

シャキシャキしたスナップえんどうと、ふんわりした鶏むね肉。薬味の香りをきかせて

菜の花とシラスのチャーハン

1束買って余った菜の花は、チャーハンに。
ねぎの風味が隠し味です。

◉材料・2人分
菜の花……½束
ねぎ……10cm
しょうが……5g
卵……2個
温かいごはん……茶碗2杯分
シラス干し……30g
削り節……適量
ごま油……大さじ1＋小さじ1
薄口しょうゆ……小さじ1½
白こしょう……少々
塩……適量

◉作り方
1　菜の花は1cm幅に切る。ねぎとしょうがはみじん切りにする。
2　ボウルに卵を割りほぐし、塩ひとつまみを入れて混ぜる。
3　フライパンにごま油大さじ1を熱し、②を一気に入れてざっと混ぜ、半熟状態でいったん取り出す。
4　ごま油小さじ1を足し、菜の花と塩ひとつまみを入れて炒め、ある程度火が通ったらごはん、ねぎ、しょうがを入れて炒める。さらに③を加えて炒め合わせ、こしょうとしょうゆを加えて味見をして足りなければ塩を足す（シラス干しの塩分を考えて）。
5　器に盛り、シラス干しと削り節をのせる。

菜の花とホタルイカのぬた

春の風物詩ホタルイカと菜の花の組み合わせ。
簡単なのに、料理上級者に見えるひと皿です。

●材料・2人分
菜の花……½束
ホタルイカ……適量(好みの量)
　(目と口を取り除く)
A　西京みそ……30g
　　練り和辛子……小さじ⅔
　　酢……小さじ2〜大さじ1
　　きび砂糖……小さじ1

●作り方
1　菜の花は食べやすく切って塩ゆでする。
2　Aを混ぜておく。
3　器に菜の花、ホタルイカを盛り、②をかける(すべて和えてもよい)。

アスパラと豚肉のしょうが風味あんかけ

ややしっかりめの味にして、丼にするのもおすすめ。
豚肉の代わりに、イカで作ってもおいしい。

●材料・2人分
豚ロース肉(しゃぶしゃぶ用)……50g
グリーンアスパラガス(太めのもの)
　……3本
新玉ねぎ……¼個
セロリ……50g
しょうが……10g
ミニトマト……4個
片栗粉(肉用)……適量
塩……ひとつまみ
だし……150㎖
太白ごま油……小さじ2
A｜酒、みりん……各小さじ1
　｜薄口しょうゆ……小さじ1½
水溶き片栗粉
　(片栗粉小さじ1を同量の水で溶いたもの)

●作り方
1　アスパラは根元を1cmほど切り落とし、かたい皮の部分をピーラーでむく。半分に切ってさっとゆで、斜めに切る。
2　玉ねぎは1cm弱の幅に切り、セロリはすじを取って斜め薄切り、しょうがは千切りにする。ミニトマトはヘタを取る。
3　豚肉は食べやすく切り、両面に薄く片栗粉をまぶす(はけを使うと簡単)。太白ごま油小さじ1を熱したフライパンに1枚ずつ広げて入れ、両面を焼いていったん取り出す(a)。
4　③のフライパンに太白ごま油小さじ1を足し、しょうがを炒める。香りが出てきたら玉ねぎとセロリを加え、塩を振って炒める。しんなりしすぎないうちにだしを加え、煮立ってきたらアスパラ、ミニトマト、③の豚肉、Aを加える。再度煮立ったら、水溶き片栗粉を回し入れ、とろみをつけてあんかけにする。

肉はきちんと広げて焼くのがコツ。火が通りすぎるとかたくなるのでいったん取り出す

パプリカのきんぴら

少し冷めて味がなじんだほうがおいしいので、
こちらを先に作るといいですよ。歯ざわりのよさを楽しんで。

●材料・2人分
パプリカ(黄)……大½個
ごま油……小さじ1
A｜酒……小さじ½
　｜薄口しょうゆ……小さじ½
削り節、白ごま……各適量

●作り方
1　パプリカはヘタと種を取り、3mm幅くらいの細切りにして、半分の長さに切る。
2　フライパンにごま油を熱し、パプリカを入れて炒める。くたっとしないうちにAを加えてからめ、火を止める。
3　器に盛り、削り節をのせてごまを振る。

緑や赤が色鮮やかな
春野菜と豚肉のあんかけは
やさしい味と口当たり

アスパラ、きのこ、牛肉のオイスターソース炒め

濃厚なオイスターソースをごくわずか使うのがコツ。
素材の風味が生きて、薄味でも満足感が出せます。

●材料・2人分
グリーンアスパラガス……3本
まいたけ……½パック(60g)
しょうが……10g
牛(和牛)切り落とし肉……100g
A │ 酒、しょうゆ、片栗粉
　　　……各小さじ½
　 │ こしょう……少々
ごま油……小さじ3
塩、こしょう……各少々
合わせ調味料
　 オイスターソース……小さじ1
　 酒……小さじ2
　 しょうゆ……小さじ¼
　 きび砂糖……小さじ¼
　 にんにくのすりおろし……少々

●作り方
1　牛肉はAをもみ込んでおく。
2　アスパラは根元を1cmほど切り落とし、かたい皮の部分をピーラーでむく。3〜4等分の斜め切りにして、かためにゆでておく。まいたけは食べやすくほぐし、しょうがは千切りにする。
3　フライパンにごま油小さじ2としょうがを入れて炒め、よい香りがしてきたら①の肉を加えて炒める。しっかり火が通る手前で、いったん取り出す。
4　③のフライパンにごま油小さじ1を足し、まいたけを焼きつける。焼き色がつき、きのこの香りがしたら、アスパラを加えて塩、こしょうを振り、さっと炒める。③の肉を戻し入れ、合わせ調味料を加え(a)、手早く炒め合わせる。
5　器に盛り、好みで黒こしょうか山椒(分量外)を振る。

合わせ調味料は砂糖が溶けるまでよく混ぜます。念のために、使う前にもう一度混ぜて

a

おかひじきとみょうがのさっぱり和え

おかひじきは海藻ではなく、野菜です。
シャキシャキの食感を爽やかな酸味で。

●材料・2人分
おかひじき……1パック(80g)
　(なければモロヘイヤ1束)
みょうが……1個
薄口しょうゆ……小さじ⅔〜1
　(味をみながら足す)
酢……小さじ2
ごま油……小さじ1
白ごま……小さじ1

●作り方
1　おかひじきは3等分の長さに切り、熱湯で1分ほどゆでる(モロヘイヤの場合は葉をちぎり、さっとゆでる)。緑が鮮やかになったら、すぐに水にとって冷やし、水気を絞る。
2　みょうがは千切りにして水にさらし、しっかり水気をきる。
3　いただく直前にボウルに①と②を入れ、残りの材料をすべて加えて和える。

まいたけの香りでいただく炒め物は白いごはんにぴったり！
シャキシャキの和え物と

焼きアスパラガスと焼きそら豆

焼いて水分を飛ばすだけで絶品！
晩酌のおつまみにもぴったりです。

●材料・2人分
グリーンアスパラガス……4本
そら豆(さや付き)……4本
桜エビ……5g
塩……小さじ½

●作り方
1　桜エビはからいりし、塩とともにすり鉢でする。
2　アスパラは根元を1cmほど切り落とし、かたい皮の部分をピーラーでむいて半分の太さに切る。そら豆はさやごと、それぞれ網で焼き、①を振っていただく。

アスパラガスとワカサギの天ぷら

油とベーキングパウダーでペースト状の衣を。
これなら天ぷらが苦手な人もサクッ!

◉材料・2人分
グリーンアスパラガス……4本
ワカサギ(または稚鮎)……8尾
薄力粉……適量
揚げ油……適量
塩……適量
A 天ぷら粉……大さじ3
　水……50㎖
　オーガニックベーキングパウダー
　　……小さじ¼
　太白ごま油……小さじ½

◉作り方
1　アスパラは根元を1cmほど切り落とし、かたい皮の部分をピーラーでむいて½の長さに切る。アスパラとワカサギに薄力粉をまぶし、よく混ぜたAにくぐらせて160℃の油で揚げる。
2　熱いうちに塩を振る。

豆腐とせりのみそ汁

かぶの梅しそおかか和え

ごはんを囲む、春のおもてなしアイデア ①

春は出会いの季節。人が集まる日の食卓には、野菜をたっぷり使った「ごちそうごはん」がおすすめです。大きな器に盛ってドーンと出せば、それだけで華やかな雰囲気に。ほかの副菜が簡単なものでも、十分満足感が出せます。
例えば、お酒もごはんも楽しみたいときは、おつまみにもなる甘辛味のガッツリ系ごはんはいかがでしょう？　ごぼうや肉など、食べごたえのある具材を入れるのがコツです。冷めてもおいしい味つけなので、どれだけ話がはずんでも大丈夫。おもてなしのときには気を配りたいポイントですね。

新ごぼうと牛肉の混ぜごはん

新ごぼうと牛肉の混ぜごはん

牛肉はすき焼き用など、ほどよく脂のあるものだと、冷めてもかたくなりません。
切り落としで十分。にんにくもきかせて。

●材料・4人分
ややかために炊いたごはん……3合分
牛肉(すき焼き用の和牛などの切り落とし)
　……150g
新ごぼう……150g
グリーンアスパラガス……3本
にんにくのすりおろし……小さじ½
ごま油……小さじ1
酒……小さじ1
きび砂糖……大さじ2½
しょうゆ……大さじ3
紅しょうがのみじん切り……70g
白ごま、木の芽……各適量

●作り方
1　牛肉は食べやすく切る。ごぼうはささがきにする(ごぼうの風味を生かすため、水にさらさない)。アスパラは根元を1cmほど切り落とし、かたい皮の部分をピーラーでむく。塩ゆでにして、1cm幅に切る。
2　フライパンにごま油を熱してごぼうを炒める。透き通ってきたら肉とにんにくを加えて軽く炒め、酒と砂糖を加える。砂糖がなじんだらしょうゆを加え、からめるように炒める。
3　炊きたてのごはんに②と紅しょうが、アスパラを混ぜ、ごまを振って木の芽をのせる。

かぶの梅しそおかか和え

梅干しと青じその風味でさっぱりと。

◉材料・4人分
かぶ……3個
青じそ……3枚
梅干し……1個(小なら2個)
削り節……½パック
塩……少々

◉作り方
1　かぶは茎を切り落とし、皮ごと2cm角に切り、塩をまぶしてしんなりしたら水気を絞る。
2　青じそは千切りにする。
3　梅干しは種を取ってたたき、削り節を加えて混ぜる。味をみて、塩辛ければみりん小さじ1(分量外)を加えて混ぜ、①と和える。
4　器に盛り、②をのせる。

豆腐とせりのみそ汁

口当たりがいいのでお酒のあとにも。

◉材料・4人分
絹ごし豆腐……1丁(300g)
せり……4本
太白ごま油……小さじ2
だし……600mℓ
みそ……約大さじ2

◉作り方
1　せりは1cm幅くらいに切る。
2　鍋にごま油と豆腐を入れて火にかけ、菜箸で混ぜる。全体が崩れたらだしを入れ、温まったら味をみながらみそを溶き入れる。最後にせりを加える。

お・も・て・な・し テクニック

うちでは、グラスはわざと不揃いです(笑)。自分のグラスがわかりやすいし、デザインも楽しめるので。背の高いグラスはゲストを緊張させるので、低めでコロンとした形がおすすめ。

ごはんを囲む、春のおもてなしアイデア ②

いり大豆と桜エビの炊き込みごはん

女性同士の集まりなど、さらにたくさんの野菜を食べたいときには、野菜巻きごはんはいかがでしょう？ いり大豆と桜エビのヘルシーな炊き込みごはんを、お好みのハーブと一緒に、ゆでたキャベツで巻いて食べます。手巻き寿司より少し大人で意外性もあるので、ちょっとしたイベントのように盛り上がることまちがいなし！ キャベツ1個もあっという間になくなります。メインのごはんがあっさりしているので、副菜にはカリッと揚げたフリットや、ピリ辛味のそぼろを用意して、メリハリをつけるようにしましょう。

たらの芽のフリット

鶏そぼろとパプリカのピリ辛みそ炒め

いり大豆と桜エビの炊き込みごはん

香りのいいハーブやキャベツと食べる、あっさりしたごはん。大豆は香ばしくいると、一晩水につけなくてもいいんですよ。

●材料・4人分
米……2合
大豆……½カップ
桜エビ……10g
塩……小さじ¼
春キャベツ、ミント、クレソン、香菜
　……各適量

●作り方
1　米はといで、ザルに上げる。
2　大豆はきれいなふきんなどでふいて、フライパンでからいりする。大豆が香ばしく焼け、皮がはじけてきたら桜エビを加え、焦がさないように香りが立つまでいる。
3　炊飯器に①と塩を入れ、2合と2.5合の目盛りの中間まで水を注いで混ぜる。②を加えて混ぜ、普通に炊く。
4　春キャベツは1枚ずつはがしてさっとゆで、半分くらいに切る。
5　③が炊き上がったら器に盛り、ミント、クレソン、香菜それぞれとともにキャベツで巻いていただく。副菜の「ピリ辛みそ炒め」を入れてもおいしい。

お・も・て・な・し テクニック

食卓に葉っぱをあしらうのもおすすめ！　自然を取り込んだ雰囲気になります。ハランを敷いてごはんを盛ったり、好みの葉を食卓に飾っても。

たらの芽のフリット

春の味覚をカリッと軽い衣に包んでいただきます。

◉材料・4人分
たらの芽……12本
薄力粉……適量
A│薄力粉……大さじ3
 │水……50mℓ
 │太白ごま油
 │　（またはオリーブオイル）
 │　……小さじ1
 │ベーキングパウダー
 │　……小さじ½
揚げ油……適量
塩……適量

◉作り方
1　たらの芽はかたいところを切り落とし、キッチンペーパーなどできれいにふく。全体に薄く薄力粉をまぶす。
2　ボウルにAを混ぜ合わせる。
3　①を②にくぐらせて、160〜170℃の油でからりと揚げ、熱いうちに塩を振る。

鶏そぼろとパプリカのピリ辛みそ炒め

メリハリのきいた韓国風甘辛みそ味。

◉材料・4人分
鶏ももひき肉……200g
パプリカ（黄）……1個
しょうが……10g
酒……大さじ1
A│コチュジャン、みそ
 │　……各小さじ2
 │きび砂糖、しょうゆ
 │　……各大さじ1
水溶き片栗粉
　（片栗粉小さじ2を同量の水で溶く）

◉作り方
1　パプリカはヘタと種を取って1cm角に切り、しょうがはみじん切りにする。
2　ひき肉に酒を加えてもみ込み、フライパンに入れて火にかける。菜箸でパラパラにほぐしながら火を通し、肉の色が変わったら①を加えて軽く炒める。
3　Aを加えてよくなじませるように炒め、最後に水溶き片栗粉を回しかける。粉っぽさが残らないように混ぜながら火を通し、火を止める。

レタス

レタスは体の余分な水分や熱を取ってくれるので、蒸し暑い時季にはぴったり！ 食物繊維が多く、便秘予防にも効果的。貧血予防や美肌効果などもあり、女性にはうれしい食材です。

なす

なすは胃にやさしく、体の熱を冷まし、ほてりを抑えてくれます。食欲不振や胃の不快感、暑気あたりにも効果的。また利尿作用があり、体の中にたまった余分な水分が原因のむくみを解消してくれます。

SUMMER
夏 の野菜のおはなし

湿気や暑さで、食欲も落ちがちな夏は、体の熱を冷まし、きれいな水分をたっぷり補ってくれる野菜の出番です。抗酸化作用で紫外線にも対抗しましょう。

ゴーヤー

ゴーヤーは、体の熱を冷ましたり、体にたまった老廃物を排出しやすくしてくれる野菜で、梅雨の時季に弱った胃腸をすっきりさせたり、暑気あたりに効果的。発熱や目の疲れにもいいとされています。

オクラ

じめじめした梅雨の時季など、湿気が多いと胃腸は重くなり、消化に負担がかかるようになります。こんなときオクラは特におすすめ！ 消化を助けて、便秘を解消してくれます。

ピーマン

抗酸化作用は野菜の中でもトップクラス。「気」や「血」を巡らす効果があり、心を落ち着かせる作用もあるといわれています。パプリカも同じ仲間ですが、肉厚で甘味が強く、より栄養価が高いです。

トマト

たっぷりの水分で体を潤し、夏バテを解消したり、渇きを止める効果があります。抗酸化作用が高く、胃腸の機能も整えてくれるので、夏の食欲不振時にぜひとりたい野菜です。

とうもろこし

とうもろこしは体の余分な水分を外に出し、むくみを取ってくれます。また、毒を出し、元気の「気」を補い、胃をやさしくいたわる作用も。冷房病や夏風邪、胃の不調などを防ぐのに効果的です。

豚肉とトマトと卵の炒め物

誰もが好きな味です。卵を半熟状に焼き、いったん取り出すのがコツ。
好みで粗びき黒こしょうを振っても。

◉材料・2人分
豚バラ薄切り肉……120g
トマト……1個
ねぎ……10cm
しょうが……10g
卵(L玉)……2個
牛乳……大さじ2
薄口しょうゆ……小さじ1
塩、こしょう……各適量
ごま油……大さじ1

◉作り方
1　豚肉は5cm長さに切り、トマトはざく切り、ねぎは斜め切り、しょうがは千切りにする。
2　ボウルに卵を割りほぐし、牛乳と薄口しょうゆを入れて混ぜる(a)。
3　フライパンにごま油を入れて強火でよく熱し、②を一気に入れて大きくかき混ぜ、半熟状になったらいったん取り出す。
4　③のフライパンに豚肉、しょうが、塩ひとつまみを入れて炒める。肉の色が変わったら、トマトとねぎ、塩ひとつまみ、こしょうを加えてさらに炒める。トマトが少ししんなりして温まったら、③の卵を戻し、手早く混ぜて火を止める。

a　溶き卵に牛乳を加えると、ふんわりした食感になります。卵をよく溶いてからプラス

ししとうの衣蒸し

クタッとしがちなししとうも、衣蒸しにすればシャッキリします。
ねぎとごま油の風味で和えて。

◉材料・2人分
ししとう……10本
薄力粉……少々
A｜ねぎのみじん切り……3cm分
　｜ごま油、薄口しょうゆ
　｜　……各小さじ½
白ごま……小さじ½

◉作り方
1　ししとうはヘタを取って縦半分に切り、種を取る。洗って軽く水気をきり、薄力粉を薄く全体にまぶす。
2　①を重ならないように皿に並べ、ラップをかけて電子レンジ(600W)に1分～1分30秒かける。小麦粉が透明になるまでが目安(蒸し器で2～3分、蒸してもよい)。
3　ボウルにAを混ぜ合わせ、②が熱いうちに入れてからめ、ごまを振って混ぜる。

香ばしい豚肉と甘酸っぱいトマトに、ふわっとやさしい卵の味がよく合います

カジキマグロのソテー
オクラとフレッシュトマトのソース

小麦粉ははけを使ってまぶすと、厚くつかずにすみます。
余分な粉もはらって。にんにくと一緒に焼くと、食欲増進に。

◉材料・2人分
カジキマグロ……2切れ(約450g)
オクラ……3本
トマト……1/2個
A │ レモン汁……小さじ2
  │ 薄口しょうゆ……小さじ1
青じそ……4枚
にんにく……1かけ
塩、黒こしょう、薄力粉、
　オリーブオイル……各適量

◉作り方
1　カジキマグロは塩小さじ1/2を両面に振り、15分ほどおく(塩の分量はカジキマグロの重量によって加減する)。
2　オクラはヘタを切り、塩を振ってうぶ毛をこすり、そのままさっとゆでる。冷水にとって水気をきり、みじん切りにする。トマトは粗みじん切りにする。ともにボウルに入れ、Aを加えて混ぜる。
3　青じそは千切り、にんにくは芯を取ってつぶす。
4　①の水気をふき(a)、両面に黒こしょうを振り、薄力粉を全面にまぶす。
5　フライパンににんにくとオリーブオイルを入れて中火にかけ、④を入れる。焼き色がつくまで動かさないようにして、両面を焼く。
6　器に盛り、②のソースをかけ、青じそをのせる。

出てきた水分をキッチンペーパーでしっかりふくと、ベチャッとならず、香ばしく焼ける

ピーマンとのりのナムル

塩味で仕上げるので色鮮やか!
のりをもみながら和え物に加える方法は覚えておくと便利。

◉材料・2人分
ピーマン……3個
のり(全形)……1/2枚
塩……ふたつまみ
ごま油……小さじ1
白すりごま……小さじ1/2

◉作り方
1　ピーマンはヘタと種を取り、縦に千切りにする。さっとゆでて、ザルに上げてしっかり水気をきる。
2　ボウルに①と塩、ごま油を入れ、のりをもみながら加えて混ぜる。味見をして、好みで塩少々(分量外)を加えて混ぜ、器に盛って、すりごまを振る。
※のりは韓国のりでもOK。その場合は塩を少し控える。

カリッと香ばしく焼いたカジキマグロに、爽やかなトマトとオクラのソース

蒸し鶏とミニトマトのさっぱりねぎソース

鶏肉の余分な脂を、調理前と冷やした後の2回取り除くのがコツ。
ゆでたもやしを敷いてもおいしい。

●材料・2人分
鶏もも肉……1枚(200〜250g)
塩……小さじ½
こしょう……少々
ミニトマト……6個
レタス……適量
しょうがの薄切り……1枚
ねぎの青い部分……1本分
酒……小さじ2
ねぎソース
　ねぎのみじん切り……15cm分
　しょうがのみじん切り……10g
　しょうゆ……大さじ1
　酢……小さじ2
　ごま油……小さじ2
　にんにくのすりおろし……少々

●作り方
1　鶏肉は黄色い脂やすじを除き、分厚い部分は包丁を入れて厚みを均一にする(a)。皮目からフォークなどで数カ所刺し、両面に塩、こしょうを振る。
2　ミニトマトはヘタを取って洗う。レタスは食べやすい大きさに切る。
3　耐熱容器に鶏肉の皮目を下にして入れ、ミニトマト、しょうが、ねぎを入れる。酒を振って、ラップをする。
4　蒸気の上がった蒸し器に③を入れ、20〜25分蒸して中まで火を通す。火を止めてラップをはずし、冷ましてから冷蔵庫で冷やす。
5　ねぎソースの材料を混ぜ合わせる。
6　④の鶏肉の固まった白い脂をスプーンで取り除き、いただくときに切り分ける。器にレタスを敷き、鶏肉とミニトマトを盛る。ゼリー状になった蒸し汁ものせ、⑤のねぎソースをかける。

包丁をねかせて、鶏肉の厚い部分に切り目を入れて広げます。全体を平らにする感じで

オクラ、ワカメ、シラスのおひたし

うま味のあるシラス干しや削り節は、ストックしておくと便利です。
オクラの代わりに青菜を使っても。

●材料・2人分
オクラ……5本
生ワカメ(または戻したもの)……30g
シラス干し……10g
しょうゆ……小さじ½
　(好みで加減)
塩……少々
削り節……適量

●作り方
1　オクラはヘタを切り、塩を振ってうぶ毛をこすり、そのまますっとゆでる。冷水にとって水気をきり、小口切りにする。
2　生ワカメは食べやすく切る。
3　①と②を軽く混ぜて器に盛り、しょうゆをかけ、シラス干し、削り節をのせる。混ぜていただく。

冷たくした蒸し鶏と
シンプルなおひたしで
さっぱりと

ミニトマト入り豚肉のしょうが焼き

ミニトマトを調味料代わりに使います。
定番の肉料理にプラスすると夏向きのさっぱり味に変身!

●材料・2人分
豚ロース肉(しゃぶしゃぶ用)……150g
玉ねぎ……½個
ミニトマト……10個
薄力粉……適量
太白ごま油……大さじ1
キャベツの千切り(あれば)……適量
A│しょうゆ……大さじ2
 │みりん……大さじ1½
 │きび砂糖……小さじ1
 │酒……大さじ1
 │しょうがのすりおろし……大さじ1

●作り方
1　豚肉は半分の長さに切り、両面に薄く薄力粉をまぶしておく。
2　玉ねぎは薄切りにし、ミニトマトはヘタを取って縦半分に切る。
3　フライパンに太白ごま油を熱し、①の肉を広げて並べ入れる。香ばしい焼き色がつくまで両面を焼き、いったん取り出す。
4　③のフライパンに玉ねぎを広げて入れ、香ばしい焼き色がつくまでよく炒める。③の肉を戻し入れ、ミニトマトを加えて炒める(a)。ミニトマトが少し崩れてきたら、よく混ぜたAを一気に入れ、全体によくからめながら炒める。
5　あればキャベツの千切りを器に敷き、その上に④を盛る。

ミニトマトは皮がやわらかくなって少し崩れるまで炒めるのがコツ。うま味のある水分がほどよく出て、味に一体感が出ます

余ったミニトマトで
翌日のサブおかず

ミニトマトとワカメのサラダ

酢じょうゆベースの小さなサラダは、そうめんにのせてもおいしいですよ。

●材料・2人分
ミニトマト……6個
生ワカメ(または戻したもの)……50g
A│薄口しょうゆ……小さじ1
 │酢……小さじ1
 │みりん……小さじ½
 │ごま油……小さじ½

●作り方
1　ミニトマトはヘタを取って横半分に切り、生ワカメは食べやすく切る。
2　ボウルにAを入れてよく混ぜ、①を加えて和え、器に盛る。

なすの肉はさみ煮

肉のうま味をたっぷり吸ったなすがおいしい。
青じその代わりにみょうがでもOK。

●材料・2人分
なす……3本(約300g)
A | 豚ひき肉……100g
  | ねぎのみじん切り……10cm分
  | 薄口しょうゆ……小さじ1/4
  | にんにくのすりおろし
  | ……小さじ1/4
  | こしょう……少々
薄力粉……適量
太白ごま油……大さじ1・1/2〜2
B | しょうゆ、酒、みりん
  | ……各大さじ2
  | きび砂糖……小さじ1
  | にんにく
  | ……1かけ(芯を取ってつぶす)
  | 水……50ml
青じその千切り……1枚分

●作り方
1　なすはヘタと先を切り落とし、長さを半分に切って縦に切り目を入れる。安定するよう、左右の皮を少しそぎ落とす。
2　Aをボウルに入れ、よく混ぜ合わせる。
3　①のなすに水気が残っていたらふき、切り目に薄力粉をまぶし、②をはさむ(a)。さらに全体に薄力粉をまぶす。
4　鍋、またはフライパンに太白ごま油を引き、③を入れて全面を焼く。このとき、肉をはさんだ面をしっかり焼きつけるのがポイント。ここで焼き方が足りないと、煮たときに肉が離れてしまう。
5　④を別の鍋に移してBを加え、火にかける。煮立ったら弱火にし、落としブタをして10分ほど煮る。煮汁が1/3くらいになったら火を強め、煮詰めてからめる。
6　器に盛り、青じそをのせる。

薄力粉をのり代わりにしてくっつけ、肉は少しはみ出すように、はさむのがコツ。こうするとはずれにくくなります

枝豆のおひたし

柚子こしょうの辛味がピリッときいた枝豆。
先に作ってだしにつけておくと、味がなじみます。

●材料・2人分
枝豆……100g
塩……適量
A | だし……100ml
  | 薄口しょうゆ……小さじ1
  | 塩……小さじ1/4
柚子こしょう
　……小さじ1/2(好みで足す)

●作り方
1　ボウルにAを入れて混ぜておく。
2　枝豆は洗って塩をまぶし、両手で全体にすり込むようにしてうぶ毛を取る。熱湯に入れて、好みのかたさにゆでてザルに上げる。
3　②の枝豆の粗熱が取れたら両端をはさみで切り、①に入れる。柚子こしょうを加えて溶かし、味見をしながら足す。

なすは食べごたえ十分！
ごはんをおかわりしたくなる
にんにく風味の甘辛味

豚肉となす、パプリカのしょうが焼き

豚肉を香ばしく焼いたらいったん取り出すのが、ジューシーに仕上げるコツ。
冷めてもおいしいので、お弁当にも。

◉材料・2人分
豚ロース肉(しゃぶしゃぶ用)……150g
なす……1本
パプリカ(黄)……¼個
玉ねぎ……¼個
ごま油……小さじ2＋小さじ1
薄力粉……適量
キャベツの千切り……適量
ごま……適量
タレ
| しょうゆ……大さじ1⅔
| みりん……大さじ1
| 酒……大さじ2
| きび砂糖……大さじ1
| しょうがのすりおろし……大さじ1

◉作り方
1　豚肉は半分の長さに切って全面に薄力粉を薄くまぶしておく(a)。なすはヘタを切り、縦半分に切ってから7mm厚さの斜め切りにし、塩少々(分量外)を振り、しんなりしたら軽く洗って絞る。パプリカは食べやすい大きさに切り、玉ねぎは薄切りにする。タレの材料は混ぜ合わせておく。
2　フライパンにごま油小さじ2を熱し、中強火で豚肉を両面焼き、焼き色がついて火が通ったらいったん取り出す。そのままごま油小さじ1を足して、なす、玉ねぎを炒める。火が通ったらパプリカを加えて軽く炒め、豚肉とタレを加えて強火で煮詰める。タレにとろみがつき、汁気がほぼなくなったら、器に盛ったキャベツの上にのせてごまを振る。

豚肉に薄力粉をまぶすときには、はけを使うと、余分につきすぎることもありません

ゴーヤーの梅和え

気軽に体の毒出しができるゴーヤーを
梅肉とおかかでさっぱり味つけ。

◉材料・2人分
ゴーヤー……¼本
梅干し(塩分10％以下のもの)……1〜2個
削り節……½パック

◉作り方
1　ゴーヤーは半分に切って種とワタを取って3mm厚さにスライスし、塩少々(分量外)を振ってしんなりしたら軽く洗って水気を絞る。
2　梅干しは種を取って包丁でたたく(量はゴーヤーの大きさで調整)。
3　ボウルにゴーヤーと梅肉、削り節を入れて和える。

千切りキャベツの上にしょうが焼きをのせて、野菜たっぷり！

なすと豚バラと厚揚げの甘みそ炒め

相性のいいガッツリみそ味は合わせ調味料で失敗知らず。
ごはんにもビールにも合います。

◉材料・2人分
豚バラ薄切り肉……100g
なす……3本
パプリカ(赤)……1/4個
厚揚げ……70g
新しょうが(またはしょうが)……10g
細ねぎ……少々
ごま油……大さじ1
塩……適量
A│甜麺醤(テンメンジャン)……大さじ1
 │酒……小さじ2
 │しょうゆ……小さじ1
 │きび砂糖……小さじ1/2
 │にんにくのすりおろし
 │ ……小さじ1/4

◉作り方
1 なすはヘタを切り、縦半分に切って、1cm幅で斜めに切る。塩水に5分ほど浸し(a)、しっかり水気をきる。
2 パプリカは1cm幅の斜め切り、厚揚げは1cm厚さのひと口大に切り、新しょうがは千切り、細ねぎは小口切りにする。
3 豚肉は5cm長さに切り、Aはよく混ぜ合わせておく。
4 フライパンにごま油を熱し、肉を広げて入れ、なす、厚揚げ、塩ひとつまみを加え、焼き色がつくまで炒める。なすに火が通ったら、パプリカと新しょうがを加えて軽く炒める。
5 Aを加え、全体によくからめながら炒める。器に盛り、細ねぎを散らす。

なすはアクが強いので、切り口がすぐ変色します。切ったらすぐ塩水に浸して、アク抜きを。味もなじみやすくなります

> 余ったなすで
> 翌日のサブおかず

なすとシラスの香味ナムル

生のままさっと塩もみして、
浅漬け感覚のナムルです。

◉材料・2人分
なす……1本
みょうが……1個
青じそ……1枚
シラス……大さじ2
ごま油……小さじ1 1/2
塩……ふたつまみ

◉作り方
1 なすはヘタを切り、縦半分に切って斜め薄切りにする。みょうがは小口切りにする。ボウルに入れ、塩を振ってからめ、5分ほどおく。
2 青じそは千切りにする。
3 ①を軽く洗って水気をよく絞り、シラスとごま油を加えて和える。味見をし、好みで塩少々(分量外)を足す。器に盛り、青じそをのせる。

オクラの肉巻き照り焼き

タレは全部煮詰めないで、ほどよく残すのがコツ。
盛りつけたあとに、上からかけます。

◉材料・2人分
オクラ……1袋(10本)
豚ロース肉(しゃぶしゃぶ用)……10枚
薄力粉……適量
太白ごま油……少々
A | 酒、しょうゆ、みりん
　　　……各大さじ1½
　　きび砂糖……小さじ1
　　しょうがのすりおろし……小さじ1

◉作り方
1　オクラはヘタのかたい部分を削り取り(a)、塩を振ってうぶ毛をこすり、そのままさっとゆでる。ザルに上げて冷ます(冷水にはとらない)。
2　肉を1枚ずつ縦長に広げ、オクラを1本ずつ、やや斜めにのせてしっかりと巻く。全体に薄く薄力粉をまぶす(はけを使うと簡単)。
3　Aをよく混ぜておく。
4　フライパンに太白ごま油を熱し、②を重ならないように入れて焼く。全体に焼き色がついたら、キッチンペーパーなどで余分な脂をふき取る。③を一気に入れてからめ、タレが全部煮詰まらないうちに火を止める。
5　器に盛り、フライパンに残ったタレを上からかける。

オクラのヘタのかたい部分は、鉛筆を削るようにして削り取り、ヘタの先も切り落とす

じゃがいもの甘酢和え

歯ざわりのいいさっぱりしたひと皿。
冷やす間に味がなじんで、食感もさらによくなります。

◉材料・2人分
じゃがいも(メークイン)……1個(約120g)
にんじん……20g
A | 酢……大さじ1
　　きび砂糖……小さじ1
　　塩……小さじ⅛

◉作り方
1　ボウルにAを入れて、混ぜておく。
2　じゃがいもは皮をむいて千切りにし(スライサーを使ってもよい)、水にさらす。にんじんも皮をむいて千切りにする。
3　熱湯に②を入れて5〜10秒数え、じゃがいもの色が透き通ってきたらザルに上げて水気をよくきる。
4　③が熱いうちに①に加えて和え、味見をして、好みで塩(分量外)を足す。粗熱が取れたら冷蔵庫で冷やす。

オクラもたっぷりとれるからヘルシー。
しょうが風味の甘辛味に、ごはんが進みます

とうもろこしとおじゃこの焼き飯

ひと皿でごはんも野菜もとれるバランスのいい焼き飯。
冷やごはんの場合は、ダマができないよう温めてください。

●材料・2人分
とうもろこし……1本
レタス……3枚
ちりめんじゃこ……大さじ2
温かいごはん……茶碗2杯分
塩……ふたつまみ
こしょう……少々
薄口しょうゆ……小さじ1½
太白ごま油……大さじ2
削り節……適量

●作り方
1　とうもろこしは外側の皮を数枚むき、水少々を振ってラップで包み、電子レンジ(500W)で表裏各1分30秒ずつ加熱する。
2　ラップをはずして皮をむき、実を芯からはずす(a)。
3　レタスは洗ってしっかり水気をふき、2×3cmくらいに切る。
4　フライパンに太白ごま油とちりめんじゃこを入れ、中火にかけて30秒〜1分ほど炒める。ごはんを加えて広げ、あまり動かさずに両面を焼きつける。
5　④に②と塩、こしょうを加えて炒め合わせ、薄口しょうゆを鍋肌から回し入れて混ぜる。③を加えてさっと炒め合わせ、器に盛って削り節をのせる。

最初の1列だけスプーンまたは割り箸で押すようにして実をはずし、残りは指で。実がつぶれないので粒々の食感に

オクラと豚しゃぶのサラダ

豚しゃぶは、ぐらぐら沸騰した湯ではなく、
火を止めてから湯に通すと、しっとりふわっと仕上がります。

●材料・2人分
豚ロース肉(しゃぶしゃぶ用)……3枚
オクラ……3本
玉ねぎ……¼個
塩……少々
A｜水……200ml
　｜酒……小さじ½
梅ドレッシング
　｜梅干し(塩分約10％)
　｜　……2個(大きければ1個)
　｜酢……小さじ2
　｜オリーブオイル……大さじ1
　｜薄口しょうゆ……小さじ½

●作り方
1　オクラはヘタを切り、塩を振ってうぶ毛をこすり、そのままさっとゆでる。冷水にとって水気をきり、縦半分に切る。玉ねぎは繊維に直角に薄切りにし、水にさらしてしっかり水気をきる。
2　鍋にAを入れて沸騰させ、火を止めて豚肉を1枚ずつ入れ、色が変わったら水にとる(肉がかたくなるので氷は不要)。半分に切り、水気をふく。
3　ドレッシングの梅干しは種を取ってたたき、ドレッシングのほかの材料とよく混ぜ合わせる。
4　器に①と②を盛り、③をかける。
※梅干しの塩分が強い場合は、薄口しょうゆの分量を減らす。

夏におすすめの焼き飯は野菜たっぷりのヘルシーな味。ひと皿でバランスもOK

レタスの肉野菜包み

熱々の炒め物をレタスで包むと、
いつもと違うおいしさに。野菜もたっぷりととれます。

◉材料・2〜3人分
豚ひき肉……200g
パプリカ(黄)……100g
生しいたけ……3個(小ぶりなら4個)
ズッキーニ……100g
にんにく・しょうがのみじん切り
　　……各1かけ分
ごま油……小さじ1
塩、こしょう……各適量
レタス……小1個
ルッコラ(好みで)……1束
A │ しょうゆ、きび砂糖
　　　……各大さじ1⅓
　　オイスターソース、酒……各小さじ2
　　片栗粉……小さじ1

◉作り方
1　パプリカはヘタと種を取り、しいたけは軸を切り、それぞれ1cm角に切る。ズッキーニは1.5cm角に切る。
2　水を張ったボウルにレタスを入れ、芯を根元からはずし(a)、一枚ずつはがす。包めるくらいの大きさに切って、水気をしっかりきる(レタスが余ったらサラダなどにしたり、ほかのものを包んでも)。ルッコラも洗って、水気をきる。
3　フライパンにごま油とにんにく、しょうがを入れて熱し、香りが出てきたらひき肉を入れて広げる。塩ひとつまみ、こしょうを振り、あまり動かさずに焼きつける。香ばしく焼けたら裏返してほぐしながら炒め、①を加えて塩ひとつまみを振り、野菜に火が通るまで炒める。
4　混ぜ合わせたAを一気に加え、手早く炒めてからめる。
5　②と④をそれぞれ器に盛る。レタスに好みでルッコラと④をのせ、包んでいただく。

レタスは芯の根元を、水の中でぐいぐい押す。芯を葉から離すと一枚ずつはがしやすい

ミニトマトのサラダ

ほの甘いマリネ液が、ミニトマトの甘味と酸味によく合います。
あれば、2色で作るとかわいい。

◉材料・2〜3人分
ミニトマト……14個
　(あれば赤・黄を半々で)
A │ オリーブオイル……小さじ1
　　酢……小さじ1
　　きび砂糖……ふたつまみ
　　塩……小さじ⅛
　　こしょう……適量(たっぷり)

◉作り方
1　ミニトマトはヘタを取り、切り目を浅く1本入れて湯むきする。
2　ボウルにAを入れてしっかり混ぜて乳化させ、①を入れて混ぜる。好みで塩(分量外)を足し、冷蔵庫に10分ほど入れて冷やし、味をなじませる。
3　器に盛り、オリーブオイル少々(分量外)をかけていただく。

パリッとした
新鮮なレタスで
肉と野菜の炒め物を包み、
食感を楽しみます

肉詰めピーマンとレンズ豆の煮込み

丸ごと肉ダネを詰めるから、
うま味たっぷりでジューシー。

●材料・2〜3人分
ピーマン……6個
肉ダネ
　合いびき肉……180g
　玉ねぎ……½個
　塩……ひとつまみ
　こしょう……少々
　しょうゆ……小さじ¼
　溶き卵……½個分
　ナツメグ……少々
　オリーブオイル
　　……小さじ1
薄力粉……少々
玉ねぎ……¼個
マッシュルーム……4個
レンズ豆(乾燥)
　……30g
オリーブオイル
　……大さじ1
バター……10g
A｜中濃ソース
　｜……大さじ1
　｜トマトケチャップ
　｜……大さじ2
　｜赤ワイン
　｜……50mℓ
　｜ローリエ
　｜……1枚
　｜しょうゆ
　｜……小さじ1
　｜水……100mℓ
粗びき黒こしょう
　……適量

●作り方
1　肉ダネの玉ねぎは粗みじん切りにし、オリーブオイルで炒め、塩ひとつまみ、こしょう少々(ともに分量外)を振って混ぜ、冷ます。
2　ボウルに①と肉ダネの残りの材料を入れてしっかり混ぜる。
3　ピーマンはヘタを取って種を抜き、洗って水気をきる。②を詰めながら、トントンとまな板に軽く打ちつけ、中まで肉ダネが入るようにする(a)。
4　バットなどに薄力粉を入れ、③の肉の部分にまぶす。
5　玉ねぎは1cm幅、マッシュルームは5mm幅の薄切りにする。レンズ豆は洗ってザルに上げておく。
6　小さめのフタ付きの鍋にオリーブオイルを熱し、④の肉の部分を下にして入れ、表面を香ばしく焼く。焼けたらピーマンを横にして端に寄せ、バターを加え、玉ねぎとマッシュルームを加えて軽く炒める。
7　A、レンズ豆を加えて混ぜ、フタをして火を少し弱め、15分ほど煮る。フタを開けてさらに煮て、豆がやわらかくなり、煮汁が半分より少なくなれば出来上がり。
8　肉詰めピーマンは横半分に切って器に盛り、豆と煮汁を上からかけ、粗びき黒こしょうを振る。

トントンとピーマンをまな板に打ちつけて、肉ダネを中に落としながら詰める。肉ダネが余ったら小さく丸めて表面を焼き、一緒に煮込むといい

余ったピーマンで
翌日のサブおかず

ピーマンの塩昆布和え

塩昆布はそれだけで味が決まるから、調味料代わりに使うととっても便利。

●材料・2人分
ピーマン……2個
細切り塩昆布(乾燥)……5g
ごま油……小さじ½

●作り方
1　ピーマンは縦半分に切ってヘタと種を取り、横に千切りにする。
2　小さめのフライパンにごま油を熱し、①を入れてゆっくり炒める。ピーマンがしんなりしたら火を止めて、塩昆布を加えて和える。
3　器に盛り、好みでごま(分量外)を振っても。

秋 の野菜のおはなし

AUTUMN

実りの秋は、きのこやいも類など
栄養豊かな野菜が勢ぞろい。
食物繊維で腸の働きをよくし、
ためこまない体づくりを!

さといも

さといもは体の中の老廃物を外に出す解毒作用があり、食物繊維も多いので便秘には効果的。食べすぎた胃の調子も整えてくれます。また、体内の水分を巡らせて、むくみを抑える働きもあります。

しめじ

秋になると乾燥した空気が呼吸によって直接肺に入ることで、免疫力が落ち、風邪をひいたり、咳が出やすくなります。また、肌も乾燥し、シワの原因にも。しめじは、そんな肺をいたわります。

かぼちゃ

甘味があって、体を温める働きがあるので、疲労解消に効果的。元気の「気」を補い、胃にもやさしいので、残暑で汗をかいてぐったりするような時季におすすめ。胃腸の調子が整います。

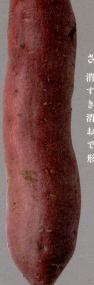

さつまいも

消化機能を元気にしてくれます。食物繊維が多く、腸の働きを活発にするので、便秘解消に効果的。たくさんとるとおなかが張って重くなるので、ほどよい量を消化にいい形でとるのがおすすめ。

青梗菜

体のいらない熱を冷まして、血の巡りをよくする作用があります。生理のときや、産後の血行障害など、血が流れにくい人には、特にとってほしい食材です。腸の働きも整えてくれます。

れんこん

しめじと同じく、肺を潤す働きがあるので、空気が乾燥してくるこの季節におすすめ。風邪の予防も兼ねてしっかり肺を守りましょう。また、胃の不快感や消化不良などにも効果的です。

しいたけ

1日とか半日でもいいので、少しおいて水分を飛ばしたほうがだしが出やすくなります。疲れているときに、みそ汁やスープにしいたけを使うと、「気」を補うのでとてもいい。骨も丈夫になります。

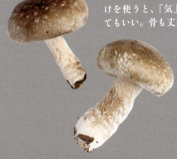

まいたけ

きのこは種類によってその効能が違いますが、まいたけは「気」を補い、胃腸の調子を整えてくれます。また、シミを防ぐ働きなどもあって、美肌効果も大。女性にとっては強い味方の食材です。

かぼちゃと鶏肉のカレークリームシチュー

フライパンの代わりに、厚手の鍋を使ってもOK。
かぼちゃは好みで、煮崩れるまで煮込んでもおいしい。

●材料・2人分
鶏もも肉……150g
かぼちゃ……(正味)150g
しめじ……50g
玉ねぎ……¾個
にんにく……1かけ
バター……15g
A │ 薄力粉……大さじ1
  │ カレー粉……小さじ2
牛乳……200ml
薄口しょうゆ……小さじ½
塩……適量
オリーブオイル……大さじ1

●作り方
1　かぼちゃは1cm厚さで3cm幅に切る(a)。しめじは石づきを切り落としてほぐし、玉ねぎはみじん切りにし、にんにくは芯を取ってつぶす。
2　鶏肉は8等分に切って水気をふき、塩をほんの少し振り、全体に薄力粉(分量外)をまぶす。
3　フライパンにオリーブオイルとにんにくを入れて弱火にかけ、香りが出てきたら玉ねぎを加え、しっとりするまで炒める。②を加えて炒め、鶏肉の表面が焼けたら、しめじ、塩小さじ¼を加えて軽く混ぜ、バターを加える。
4　③のバターが溶けたら、Aを振り入れて炒める。粉がなじんだら、ダマにならないよう、水100mlを少しずつ加えながら溶きのばす。
5　④にかぼちゃと牛乳を加えてフタをし、かぼちゃに火が通るまで弱火で煮る。最後に薄口しょうゆを加え、味をみて、足りないようなら塩で味を調える。

かぼちゃのヘタはとてもかたく、包丁を入れると抜けなくなるので、必ず避けて切って

キャベツとハムのサラダ

生のキャベツのうま味を感じるひと皿。
シチューの合間に食べると、口の中がリフレッシュされます。

●材料・2人分
キャベツ……70g
ハム……1枚
A │ オリーブオイル……小さじ2
  │ 酢……小さじ1
  │ きび砂糖……ひとつまみ
  │ 塩……ほんの少し

●作り方
1　キャベツ、ハムはそれぞれ千切りにする。
2　ボウルにAを入れてしっかり混ぜて乳化させ、①を加えて和える。味をみて、足りないようなら塩(分量外)で味を調える。

かぼちゃのとろみを生かしたマイルドなカレー味。ごはんにもパンにも合います

かぼちゃと豚肉のチーズ焼き

栄養がある皮ごと使って、
食べごたえのあるオーブン料理に。

●材料・2人分
豚ロース薄切り肉……60g
かぼちゃ……(正味)150g
玉ねぎ……¼個
しめじ……100g
にんにくのみじん切り……½かけ分
薄力粉……少々
A│豆乳(または牛乳)50ml
 │みそ……小さじ1
バター……20g
塩……ひとつまみ
こしょう……少々
B│黒こしょう……少々
 │パン粉……大さじ1
 │パルメザンチーズ……大さじ2
 │オリーブオイル……大さじ1
パセリのみじん切り(あれば)……少々

●作り方
1　かぼちゃは半分の長さで、7mm～1cm厚さに切る。玉ねぎは1cm厚さに切り、しめじは石づきを切り落としてほぐす。
2　豚肉は3等分の長さに切り、薄力粉をまぶす。
3　Aをよく混ぜ合わせておく。
4　フライパンにバターとにんにくを入れて弱火で熱し、弱めの中火にしてかぼちゃを並べる。片面が軽く焼けたら返して②を加え、肉も両面を軽く焼く。
5　火を強めて玉ねぎとしめじを加えて炒め、塩、こしょうを振って全体を混ぜ、③を加えて全体にからめる(a)。
6　耐熱容器に⑤を入れ、Bを順番に振り、250℃のオーブンで15～20分焼く。あればパセリを散らす。

a　肉と野菜に火が通ったら、混ぜ合わせた豆乳とみそを加え、全体にまんべんなくからめる。みその風味が隠し味に

かぼちゃの豆乳スープ

仕上げにカレー粉小さじ¼を加えても、
香りがよくておいしい！

●材料・2人分
かぼちゃ……(正味)200g
玉ねぎのみじん切り……⅛個分
塩……ふたつまみ
豆乳(または牛乳)……100ml
こしょう……少々
オリーブオイル……小さじ2
パセリのみじん切り(あれば)……少々

余ったかぼちゃで
翌日のサブおかず

●作り方
1　かぼちゃは3～4cm長さで、5mm～1cm厚さに切る。蒸し器で蒸すか、さっと洗って耐熱皿に入れ、ラップをして電子レンジ(600W)で4～5分加熱する。
2　鍋にオリーブオイルを熱し、玉ねぎと塩を入れて玉ねぎが透明になるまで炒め、かぼちゃを加えて軽くつぶす。水100mlを加えてフタをし、煮立ったら弱火にして5分ほど蒸し煮にする。
3　フタを取り、おたまの底などでかぼちゃをつぶし、豆乳とこしょうを加えて温める。好みで塩少々(分量外)で味を調える。
4　器に入れ、あればパセリを振る。

じゃがいもと秋サバのマリネオーブン焼き

じゃがいもを水にさらさないのがポイント。
デンプンの働きでくっつけて、丸くまとめます。

◉材料・2人分
サバ(片身・三枚におろしたもの)……約160g
A│塩、薄口しょうゆ……各小さじ¼
 │酢……小さじ2
 │オリーブオイル……大さじ1
 │にんにくのすりおろし……小さじ½
じゃがいも……1個
B│パン粉……大さじ3
 │ローズマリー(葉を軽く刻む)……大さじ2
 │にんにくのみじん切り……1かけ分
オリーブオイル……大さじ1

◉作り方
1　オーブンを230℃に予熱し、天板にクッキングシートを敷いておく。
2　サバは胸ビレを除き、真ん中の小骨を抜くか小骨を避けて縦に切る。6〜8等分にそぎ切りする。ボウルにAを入れて混ぜ、サバを入れてマリネする。
3　じゃがいもは皮をむいて薄く切り、水にさらさないで、数枚ずつ重ねて天板に置く(a)。その上に②と混ぜ合わせたBをそれぞれのせ、オリーブオイルをかける。
4　230℃のオーブンに入れ、香ばしく焼き色がつくまで15〜20分焼く。焼き上がったら、クッキングシートごと、器に盛る。

じゃがいものスライスは少しずつずらして重ね、サバをのせやすい大きさに整えます

タコとアボカドと香菜のサラダ

タコに塩味があるので、味をみながら加減を。
いただく直前に作りましょう。

◉材料・2人分
ゆでタコ……60g
アボカド……½個
香菜……1〜2本
ドレッシング
 │酢……小さじ1
 │塩……小さじ⅛(好みで足す)
 │きび砂糖……小さじ¼
 │にんにくのすりおろし……ごく少々
 │オリーブオイル……大さじ1
すだち……½個
粗びき黒こしょう……適量

◉作り方
1　アボカドは皮をむき、タコとともに食べやすい大きさに切る。香菜は粗く刻む。
2　ドレッシングを作る。ボウルに酢、塩、砂糖、にんにくを入れ、オリーブオイルを少しずつ加え、しっかり混ぜて乳化させる。味をみて、塩が足りないようなら少し加える。
3　②に①を加えて和え、器に盛る。4つ割りにしたすだちを添え、黒こしょうを振る。

大人も子供も大喜び！
ひと口サイズの
サバのオーブン焼き

肉じゃが

煮崩れしにくいメイクイーンの肉じゃが。
ゆでずに丸ごと蒸すと、うま味もホクホク感もアップ！

●材料・3～4人分
じゃがいも（メイクイーン）
　……3～4個（340～400g）
牛切り落とし肉……100g
にんじん……100g
玉ねぎ……½個
しらたき（手巻きのもの）……100g
ごま油……小さじ1＋小さじ2
にんにくのすりおろし
　……小さじ¼
A｜ だし……250㎖
　｜ 酒……大さじ1
　｜ きび砂糖……大さじ1
　｜ しょうゆ……大さじ3
みりん……小さじ1

●作り方
1　じゃがいもは洗って芽があれば取り、鍋に入れて水を約2㎝入れ、竹串がすっと通るまで15～20分蒸す（a）。
2　①が熱いうちにキッチンペーパーなどで皮をむき、4～6等分に切る。
3　にんじんは乱切りにし、玉ねぎは1㎝幅に切る。しらたきは水からゆでて、ザルに上げる。
4　牛肉はひと口大に切る。
5　鍋にごま油小さじ1を熱し、④とにんにくを炒める。肉にざっと火が通ったら、いったん取り出す（赤い部分が残っていてもよい）。
6　⑤の鍋にごま油小さじ2を足し、③を炒める。油が回ったら、Aを加えて煮る。にんじんがやわらかくなったら②を加え、5分ほど煮る。最後に⑤の肉を戻し、みりんを加えて強めの中火で軽く煮て、火を止める。
※牛肉のだしが煮汁のうま味になるので、切り落としで十分ですが、上質な国産牛肉を。
※いったん冷まして、食べるときに温め直すと味がしみておいしい。

水が煮立つまでは中火、フタをしてからは弱火にして蒸します。途中で水がなくなりそうになったら、適宜足して

余ったじゃがいもで
翌日のサブおかず

タラモサラダ

じゃがいもが熱いうちにタラコと合わせると、味がよくなじみます。

●材料・2人分
じゃがいも……1個
タラコ……20～30g
A｜ レモン汁……小さじ½
　｜ マヨネーズ……小さじ2（好みで足す）
　｜ こしょう……少々
　｜ 細ねぎの小口切り……½本分

●作り方
1　じゃがいもは洗って、丸ごと蒸す（上記参照）。熱いうちに皮をむき、ボウルに入れてざっとつぶす。
2　タラコは薄皮からしごき出す。
3　①に②、Aを加えて混ぜ合わせる。
※じゃがいもは、男爵でもおいしく作れます。
※細ねぎの代わりに、ディルを使っても。

サーモンと長いものにんにくバターじょうゆ焼き

きのこはほかに、まいたけやしいたけでもOK。
ゆでたじゃがいもやブロッコリーを一緒に焼いても。

◉材料・2人分
サーモン(切り身)……2切れ
長いも……4cm
エリンギ……1本
にんにく……1かけ
薄力粉……適量
ごま油……大さじ1
A │ バター……10g
  │ しょうゆ……小さじ1
塩、粗びき黒こしょう、レモン……各適量
細ねぎの小口切り(あれば)……少々

◉作り方
1　サーモンは塩ふたつまみを両面に振り、15分ほどおく。
2　長いもは皮をむき、1cm厚さの輪切りにする。エリンギはひと口大に切る。にんにくは芯を取って薄切りにする。
3　①のサーモンから出た水気を、キッチンペーパーでふき取る。1切れをそれぞれ3等分に切り、薄力粉を全体にまぶす。
4　フライパンにごま油を熱してサーモン、長いも、エリンギを入れて焼く。全体に焼き色がついたら、野菜だけに塩ひとつまみを振って混ぜ、先に取り出して器に盛る。
5　④のフライパンににんにくを加えて加熱し(a)、にんにくの香りが出たらサーモンにからめる。キッチンペーパーで全体の脂をざっとふき取る。
6　⑤にAを加えてフライパンを揺らし、サーモンに手早くからめて火を止める。
7　④で器に盛った野菜の上にサーモンを盛り、最後にフライパンに残ったバターじょうゆをかける。粗びき黒こしょうを振って、あれば細ねぎを散らし、くし形に切ったレモンを添える。

フライパンを傾けて油を集め、その中でにんにくを泳がせるようにして加熱します

かぶのなます

かぶの葉を少し加えると緑色が加わって彩りがよくなり、
シャキシャキした食感も楽しめます。

◉材料・2人分
かぶ……1個
かぶの葉……2本
柚子の皮の千切り……少々
塩……少々
A │ きび砂糖……小さじ½
  │ 酢……小さじ2

◉作り方
1　かぶは茎を少し残して葉を切り落とし、洗って縦半分に切り、薄切りにする。水につけて、汚れを落とす。
2　かぶの葉はさっとゆでて水にとり、水気を絞って2cm長さに切る。
3　①の水気をきってボウルに入れ、②を加えて塩を振って混ぜる。しんなりしたら、洗って水気を絞る。
4　ボウルにAを入れて混ぜ、③と柚子の皮を加えて和える。味見をして、好みで塩少々(分量外)を足して味を調える。

にんにくと、バターの香り、焦がしじょうゆの香ばしさが食欲をそそります

さといもと豚だんごの煮物

豚だんごはふわっとやわらかい生地なので、
急ぐときはスプーンですくうだけでも大丈夫。

●材料・2人分
さといも
　……3個(約200g)
A｜豚ひき肉……150g
　｜ねぎのみじん切り
　｜　……10cm分
　｜しょうがの
　｜　すりおろし
　｜　……小さじ1
　｜酒……小さじ2
　｜溶き卵……½個分
薄口しょうゆ
　……小さじ½
塩……ひとつまみ
こしょう……少々
ごま油……小さじ1
B｜だし……100ml
　｜きび砂糖、酒
　｜　各大さじ1
　｜しょうゆ
　｜　……小さじ2

●作り方
1　さといもは皮をむいて(a)半分に切り、水からゆでる。竹串がすっと通るくらいやわらかくなったら、水で洗ってぬめりを取り、ザルに上げて水気をきる。
2　ボウルにAの材料を入れてよく混ぜ、6等分して丸め、やや平たくする。
3　フライパンにごま油を熱し、②を入れて両面に焼き色がつくまで焼く。
4　鍋にB、①、③を入れて強火にかけ、煮立ったら少し火を弱める。フタをしないで、アクが出る場合はアクを取り、煮汁が半分くらいになるまで10〜15分煮る。
5　器にさといもと豚だんごを盛り合わせ、煮汁をかける。

さといもは洗わずに泥付きのまま厚めに皮をむくと、扱いやすく、粘りも出にくい

小松菜と桜エビの和え物

味出しの素材、桜エビをからいりして、香ばしさを出すのがコツ。
細かく刻んで混ぜると、おいしさもアップ!

●材料・2人分
小松菜……2株
塩……ひとつまみ
桜エビ……3g
A｜溶き卵……½個分
　｜(上記の豚だんごで余ったもの)
　｜塩……ごく少々
太白ごま油……小さじ1
薄口しょうゆ……小さじ¼
削り節……ひとつまみ

●作り方
1　小松菜はゆでて冷水にとり、水気をしっかり絞って3cm長さに切る。ボウルに入れ、塩を加えて混ぜる。
2　桜エビは小さなフライパンでからいりし、包丁で細かく刻み、①に加える。
3　②のフライパンに太白ごま油を熱し、混ぜ合わせたAを流し入れる。手早く混ぜていり卵にし、②に加える。
4　③に薄口しょうゆを加えて和え、削り節を混ぜる。

肉だんごのうま味を吸って
おいしくなったさといもは
甘辛味で食べごたえあり!

さつまいもとお豆のおかゆ

お米を炊くお湯に入れる油は、香りのないものを!
薬膳式にお湯から炊くと、糊状にならず、さらっと仕上がります。

●材料・2人分
米……100g
さつまいも……150g
ゆでた豆(ミックスビーンズ)
　……50g
太白ごま油……数滴
塩……適量

●作り方
1　さつまいもは2cm角に切り、水にさらす(a)。
2　米はやさしくといで、ザルに上げる。
3　鍋に1ℓの湯を沸かし、太白ごま油をたらす。米を入れ(b)、弱火で時々かき混ぜながら20分ほど煮る。
4　さつまいもの水気をきって③の鍋に加え、塩ふたつまみを加え、さらに10分コトコト煮る。
5　豆を加えて5分ほど煮たら、味をみて、好みの塩かげんに仕上げる。
※とろとろのほうが好きな人は、いったん火を止めてフタをし、いただく前に再度温めるとよい。

さつまいもは食感が感じられるよう大きめに切って、水にさらすとアクが抜けます

沸騰した湯に油を数滴たらしてから、といだお米を加えるのがこの炊き方のポイント

明太子とねぎとのりの和え物

ねぎは彩りをよくするため、青い部分も加えるのがポイント。
お漬け物のような感覚でおかゆと一緒に食べます。

●材料・2人分
明太子……1腹(約50g)
ねぎ(青い部分も含む)……10cm
韓国のり……1パック
　(8枚入り。ほかののりでもよい)
ごま油……小さじ2
白ごま……大さじ1

●作り方
1　明太子は薄皮に切り目を入れて開き、包丁で中身をこそげ取り、ボウルに入れる。
2　ねぎは彩りをよくするため、青い部分も一部入れてみじん切りにする。
3　韓国のりはちぎる。
4　①に②、③、ごま油、白ごまを加えて和える。

さらっと軽いおかゆは
さつまいもとお米の自然な甘味。
明太子の和え物をアクセントに

しいたけ、ねぎ、豚肉の蒸し煮

肉と一緒に蒸し煮にすると、うま味も栄養もたっぷり！

●材料・2人分
豚バラ薄切り肉……100g
生しいたけ……6個
ねぎ……1½本
しょうが……10g
ごま油……大さじ1
塩……適量
A│酒、水……各大さじ2
 │薄口しょうゆ……小さじ1
柚子こしょう……適量

●作り方
1　しいたけは軸を取り、3等分に切る。軸は石づきを切り落とし、手で裂く（a）。
2　ねぎは斜め薄切りにし、しょうがは千切りにする。豚肉は半分に切る。
3　ボウルにしいたけの軸、ねぎ、ごま油を入れて混ぜておく。
4　小さめの土鍋に③の⅓量を入れ、豚肉の⅓量、しょうがの⅓量をのせて、塩ひとつまみを振る。これをあと2回繰り返し、最後にしいたけをのせる。混ぜ合わせたAを回しかけて、フタをする。
5　④の土鍋を中火にかけ、湯気が出てきたらごく弱火にし、5分蒸す。食べるときは全体を混ぜて、柚子こしょうを添える。
※土鍋がなければ厚手の鍋でもOK。

しいたけの軸は捨てないで！　石づきを切り落とし、適当に裂いて使います。おいしいだしが出て、食感もよくなります

余ったしいたけで
翌日のサブおかず

しいたけとねぎの
バターじょうゆ焼き

炒める油はオリーブオイルを使い、
バターは風味づけに、最後のほうに加えて。

●材料・2人分
生しいたけ……3個
ねぎ……½本
にんにくのみじん切り……¼かけ分
オリーブオイル……小さじ2
バター……5g
A│酒……小さじ1
 │しょうゆ……小さじ½
粗びき黒こしょう……適量

●作り方
1　しいたけは軸を取り、5mm幅に切る。軸は石づきを切り落とし、手で裂く。ねぎは3等分の長さに切り、縦半分に切る。
2　フライパンにオリーブオイルとにんにくを入れて弱火にかけ、香りが出たら①を入れて炒める。全体に火が通ったらバターを加え、Aを回しかけて手早くからめる。
3　器に盛り、粗びき黒こしょうを振る。

きのこと鶏肉、切り干し大根のバターじょうゆ炒め

きのこは洗わずに使うほうが、風味を生かせます。
気になる場合はペーパーで汚れを取る程度でOK。

◉材料・2人分
しめじ……100g
エリンギ……大1本
鶏もも肉……100g
にんにく……½かけ
細ねぎ……10本
切り干し大根……15g
オリーブオイル……大さじ1
塩……ひとつまみ
こしょう……少々
バター……10g
しょうゆ……小さじ2
粗びき黒こしょう……適量

◉作り方
1　しめじは石づきを切り落としてほぐし、エリンギ、鶏肉は食べやすい大きさに切る。にんにくはみじん切り、細ねぎは5cm長さに切る。
2　切り干し大根はさっと洗って、2〜3分水に浸し、食感が残る程度に戻す。水気を絞って、ざっと切る。
3　フライパンにオリーブオイルとにんにくを入れて火にかけ、いい香りがしてきたら鶏肉ときのこを広げて入れる。塩、こしょうを振り、香ばしい焼き色がつくまで、あまり動かさずに焼き(a)、裏返して両面焼く。
4　切り干し大根を加えて軽く炒め、バター、しょうゆ、細ねぎを加え、手早く混ぜて仕上げる。
5　器に盛り、黒こしょうを振る。

きのこの間に鶏肉を並べて焼きつけるのがコツ。鶏肉の脂がきのこにコクを加えます

春菊とりんごのサラダ

レモン汁や薄口しょうゆが入ったドレッシングは、マイルドな味わい。
にんにくも隠し味に入っています。

◉材料・2人分
春菊(やわらかい葉の部分だけ)……½束分
りんご……¼個(約70g)
A｜酢、オリーブオイル……各小さじ2
　｜レモン汁……小さじ1
　｜薄口しょうゆ……小さじ½
　｜にんにくのすりおろし……ごく少々
塩……ひとつまみ

◉作り方
1　春菊の葉はきれいに洗い、ザルに上げてしっかり水気をきり、キッチンペーパーなどで水分をふく。
2　りんごは芯を取り、皮ごと千切りにする(気になる場合は、皮をむいてもよい)。
3　Aをよく混ぜ合わせる。
4　①と②をボウルに入れ、③、塩を加えて手早く和えて、器に盛る。

香ばしいきのこの炒め物は
みんなが大好きな
バターじょうゆ味で

豚肉ときのこのキムチ鍋スープ

キムチを調味料代わりに使った、ボリューム満点のおかずスープ。
おいしいキムチなら、つけ汁ごと使っても。

◉材料・2人分
豚バラ薄切り肉……50g
生しいたけ……2個
えのきだけ……30g
ねぎ……1/3本
キムチ……100g
クレソン……1束
ごま油……小さじ2
A│水……300mℓ
　│酒……大さじ1
　│煮干し（頭と内臓を除く）……3g
みそ……大さじ1½

◉作り方
1　豚肉は5cm長さに切る。しいたけは軸を取り、半分に切る。軸は石づきを切り落とし、手で裂く。えのきだけは根元を切り落とし、半分の長さに切る。ねぎは斜め切り、キムチはざく切りにする。クレソンは5cm長さに切り、葉はとっておく。
2　土鍋にごま油を温め、豚肉を入れて炒める。キムチを加えてよく炒め（a）、A、きのこ、ねぎを加えて5分ほど煮る。みそを溶き入れ、味見をして好みで足し（分量外）、クレソンの茎を加えてひと煮立ちさせる。最後にクレソンの葉をのせる。

豚肉は炒めるとよりコクが出るので、キムチと一緒に炒めてから煮る

青梗菜と肉団子のオイスターソース炒め

オイスターソースとの相性は抜群！
炒め物に欠かせない食感と彩りです。

●材料・2人分
肉団子
　豚ひき肉……100g
　玉ねぎのみじん切り
　　……1/8個分
　塩、こしょう
　　……各少々
　溶き卵……1/3個分
　片栗粉……大さじ1
ウズラの卵……10個
青梗菜……2株
しょうが……10g
ごま油……大さじ1

A
　片栗粉
　　……小さじ1
　水……50mℓ
　オイスターソース、
　　酒……各大さじ1
　しょうゆ、きび砂糖
　　……各小さじ1

●作り方
1　ボウルに肉団子の材料を入れて混ぜ、10等分して丸める。
2　ウズラの卵は水とともに鍋に入れて中火にかけ、沸騰したらさらに5分ゆでて、冷水にとって殻をむく。
3　青梗菜は5cm長さに切り、しょうがは千切りにする。
4　Aの片栗粉を水で溶き、残りのAの材料を加えて混ぜる。
5　フライパンにごま油を入れて弱火にかけ、まだ冷たいうちに①を並べて中央をへこませる（a）。両面を焼き、ほぼ火が通ったら強火にしてしょうが、②を加えて炒める。しょうがの香りが出たら青梗菜を加えて炒め、少ししんなりしたら④を混ぜながら加え、手早くからめる。

手が熱くならないよう、フライパンが冷たいうちに肉団子を並べるのがコツ。中央をへこませると、火が通りやすくなる

余った青梗菜で
翌日のサブおかず

青梗菜と桜エビとしょうがの和え物

青梗菜は中華だけでなく、和風にも使えます。
軸を細切りにした青梗菜を鍋物に入れることも。

●材料・2人分
青梗菜……1株
桜エビ……5g
A
　しょうがのみじん切り……10g
　ごま油……小さじ2
　薄口しょうゆ……小さじ1/2
　塩……少々

●作り方
1　青梗菜は軸と葉に分け、軸は5cm長さの細切り、葉はざく切りにする。ゆでて冷水にとり、水気をよく絞る。
2　桜エビはフライパンでからいりする。
3　ボウルにAを入れて混ぜ、①と②を加えて和える。好みで塩少々（分量外）で味を調える。

れんこんとブリの唐揚げ 甘酢あんかけ

脂ののったブリは、がっつり味の甘酢あんと相性よし！
魚はほかに、タラやサバなどでも同じように作れます。

◉材料・2人分
ブリ（腹身）……2切れ（180〜200g）
A｜酒……小さじ2
　｜薄口しょうゆ……小さじ2
　｜しょうがのすりおろし……小さじ2
れんこん……50g
ししとう……4本
片栗粉……大さじ4くらい
酒……大さじ1〜2
　（様子を見て加える）
揚げ油……適量
B｜しょうゆ……大さじ1⅓
　｜きび砂糖……大さじ1
　｜酢……大さじ1½
　｜ねぎのみじん切り……15cm分
　｜しょうがのみじん切り……15g
　｜水……50mℓ
水溶き片栗粉
　（片栗粉小さじ1を水小さじ1で溶く）

◉作り方
1　Bの材料を小鍋に入れて混ぜておく。
2　ブリは骨を除いて2〜3cm角に切り、小さなボウルに入れてAをからめる。
3　れんこんは皮をむいて乱切りに、ししとうはヘタを取って、竹串などで穴をあける。
4　②のボウルに片栗粉を入れ、手で混ぜてしっかりまぶす。酒を少しずつ加え、練乳くらいのかたさになるまで手で混ぜる（a）。
5　160℃の油に④を入れ、カリッとなるまで揚げる。③は素揚げにする。
6　①を火にかけ、温まったら水溶き片栗粉を少しずつ回し入れ、とろみをつけてあんにする。
7　揚げたての⑤を器に盛り、⑥のあんをかける。

衣がゆるいので、ブリにからませながら油に入れるのがコツ。入れてすぐはさわらない

水菜とお揚げの煮びたし

煮るときに水の量が少なくても、水菜から水分が出るので大丈夫。
削り節と油揚げで、だしいらず。根三つ葉などもおすすめです。

◉材料・2人分
水菜……½束
油揚げ（あれば京揚げ）……30g
A｜薄口しょうゆ……小さじ1½
　｜みりん……小さじ1½
　｜酒……小さじ1
削り節……1パック

◉作り方
1　水菜は4cm長さに切る。油揚げは千切りにし、熱湯をかけて油抜きする。
2　鍋に水100mℓを入れ、油揚げ、Aを入れて火にかけ、煮立ったら水菜を加える。混ぜながら火を通し、水菜がしんなりしたら火を止め、削り節の半量を混ぜる。
3　器に盛って煮汁をかけ、いただくときに残りの削り節をかける。

ひと口大のブリの唐揚げは子供も食べやすく、ごはんが進むがっつり味です

れんこんとひき肉のチヂミ

体にいい根菜がたっぷりとれる、一石二鳥の肉のメイン。
子供はマヨネーズや酢じょうゆをつけても。

◉材料・2人分
れんこん……9cm
青じそ……6枚
酢……少々
薄力粉、ごま油……各適量
A | 豚ひき肉……100g
　| ねぎのみじん切り
　|　……5cm分
　| 酒……小さじ2
　| 薄口しょうゆ……小さじ1
　| こしょう……少々
　| にんにくのすりおろし
　|　……少々
B | 卵……1個
　| 薄力粉……大さじ2
　| 水……小さじ2
練り和辛子……少々
しょうゆ……適量

◉作り方
1　れんこんは皮をむき、1.5cm厚さの輪切りにする。酢を加えた水に入れ、5分ほどおく。ザルに上げてキッチンペーパーで水気をふき、全体に薄く薄力粉をまぶす。
2　Aの材料をボウルに入れ、粘りが出るまでよく混ぜ、6等分する。①の上にそれぞれのせ、裏側に出てくるまで押し込み(a)、青じそをのせる。
3　ボウルにBの薄力粉と水を入れて混ぜ、溶いた卵を加えてよく混ぜる。
4　フライパンにごま油を熱し、②を③にくぐらせながら、並べ入れる。フタをして、弱めの中火くらいで肉に火が通るまで両面を焼く。火の通り具合がわからない場合は、1個を半分に切ってみて、まだ火が通っていなければもう少し焼く。
5　器に盛り、辛子じょうゆをつけていただく。

片面に肉をのせて全体に広げたら、ぎゅーっと押して反対側まで穴を通過させます

もやしとにらの和え物

もやしだけだと物足りないけれど、
にらが入るとうま味が出ます。
にらはゆですぎないように注意！

◉材料・2人分
もやし……½袋
にら……⅓束
A | 塩……小さじ⅛(好みで足す)
　| こしょう……少々
　| にんにくのすりおろし……少々
　| ごま油……小さじ1
　| 白いりごま……小さじ1
七味唐辛子(または一味唐辛子、食べるラー油)
　……少々

◉作り方
1　にらは4cm長さに切る。
2　鍋に湯を沸かし、もやしを入れてゆでる。火が通ったらにらを加え、5～10秒ほどゆで、ザルに上げてしっかり水気をきる。
3　②をボウルに入れ、温かいうちにAを加えて混ぜる。
4　器に盛り、好みで七味唐辛子を振る。
※食べるラー油の場合は塩味がついているので、塩をやや控えめにする。

シャキッとしたれんこんと
ふんわりしたひき肉。
フライパンでこんがりと

手羽先とれんこん煮

手羽先はお肌にいいコラーゲンがたっぷり！
歯ざわりのいいれんこんと甘辛味に仕上げます。
煮汁は冷めるとおいしい煮こごりに。

●材料・2人分
鶏手羽先……4本
れんこん……100g
ごま油……小さじ1
A 水……300ml
　つぶしたにんにく……1かけ分
　しょうがの薄切り……1枚
　きび砂糖……大さじ1$\frac{1}{3}$
　酒……大さじ1
　しょうゆ……大さじ1
B しょうゆ……大さじ1
　みりん……小さじ2

●作り方
1　手羽先は骨に沿って、包丁で切り目を入れる（a）。
2　れんこんは洗って、皮ごと1cm幅の輪切りにし、軽く水にさらして水気をきる。
3　フライパンにごま油を熱し、手羽先とれんこんを入れ、両面をこんがり焼いて、取り出す。
4　鍋にAを入れて煮立て、手羽先を入れて（b）15分ほど煮る。れんこんとBを加え、2〜3分煮て火を止める。

骨に沿って切り目を入れると、だしが出やすくなって、味もよくしみる

煮立てた煮汁に手羽先を入れ、先に煮込むのがコツ。ここでうま味を出す

濃厚なだしが出る
手羽先を活用

大根

大根は消化を促進し、胃腸にやさしい野菜です。ただし生でとると体を冷やす働きがあるので、冬はできるだけ加熱するのがおすすめ。切り干し大根は食物繊維が豊富なので、便秘予防にぜひ。

白菜

寒さから身を守るため、新陳代謝が抑えられ、巡りが悪くなり、太りやすくなるのが冬。この時季は、余分な水分を出してむくみを取り、便秘も防ぐ白菜で、体をすっきりさせましょう。

冬 の野菜のおはなし　WINTER

体が省エネモードになり、
新陳代謝が衰える冬。
白菜や大根、かぶなど、
胃腸にやさしく
消化を助けてくれる
白い野菜の出番です！

小松菜

小松菜は抗酸化作用が高く、にんじんと同様、毎日食べてもいいことばかりの食材です。血行を促進するので血色がよくなり、肌もきれいになります。消化を助けるので便秘予防と毒出しにも。

ブロッコリー

ブロッコリーは胃腸の調子を整えて、消化を促進する働きがあります。遅い時間の夕食でも、ブロッコリーなら安心。また、滋養強壮の効能もあるので、ちょっと体力不足を感じるときにもおすすめ。

かぶ

水分代謝を助け、毒出し作用もあるので、むくみにとても効果的。冷えからくるおなかの痛みもやわらげます。疲れているときや病後には、やわらかく煮て、温かい状態で食べるようにして。

カリフラワー

キャベツと同じ仲間で、胃腸を丈夫にしてくれます。白菜や大根、かぶなどとともに、白い野菜は消化を助けてくれるので、胃もたれや、おなかが張っているときなど、疲れた胃腸を癒してくれます。

ほうれん草

血を補う作用があるので、貧血や目の疲れに効きます。血の巡りをよくし、腸を潤すので便秘にもいい。冬のほうれん草は特に甘味があってやわらかく、どう調理してもおいしいですね。

大根と塩豚のポトフ

干ししいたけは水で戻さないで、じかに煮ます。
余ったら翌日、カレーにしてもおいしい。

◉材料・作りやすい分量、2〜3人分
豚バラ肉(ブロック)……250g
大根……300g
にんじん……100g
玉ねぎ……1個
ねぎ……½本(あれば青い部分も)
干ししいたけ……2個(大きければ1個)
昆布……5cm角
A│しょうがの薄切り……2枚
　│にんにく……1かけ(芯を取ってつぶす)
　│ローリエ……1枚
　│酒……50mℓ
　│塩……小さじ½
　│水……1ℓ
塩、こしょう……各適量

◉作り方
1　豚バラ肉は塩大さじ½を全体にすり込み、キッチンペーパーで包み、さらにラップで包む。冷蔵庫で1日以上ねかせる(1週間まで保存可。その場合は、途中で適宜ペーパーを取り替える)。
2　①を縦半分に切り、熱湯で表面が白くなるまでゆでて、軽く洗う(a)。
3　大根は皮を薄くむき、2cm角で10cm長さに切る。にんじんは皮をむかずに、1.5cm角で10cm長さに切る。玉ねぎは大きめのくし形、ねぎは6cm長さに切る。
4　鍋に②、大根、玉ねぎ、干ししいたけ、昆布、A、あればねぎの青い部分を入れて、火にかける。沸騰したらアクを取り、フタをして弱火で40分煮る。途中、煮詰まってきたら、水を適宜足す。
5　にんじんとねぎを加え、フタをしてさらに20分煮る。味をみて、塩、こしょうで味を調える。ねぎの青い部分を除く。
6　肉を取り出して食べやすく切り、干ししいたけも軸を取って半分に切る。残りの素材とともに器に盛り、スープを注ぐ。好みで柚子こしょう、こしょう、柚子みそ(白みそに柚子の皮、みりんが入ったもの)などを添えても。
※鍋は厚手のものがおすすめですが、ない場合は様子を見て水分量を調節してください。

肉をさっとゆでたあと、いったん流水で洗うと、すっきりした味に仕上がります

切り干し大根と三つ葉の炒めなます

炒めなますとは、炒めてから酢やしょうゆを加える方法。
すぐ作れるから簡単!

◉材料・2人分
切り干し大根……20g
えのきだけ……40g
三つ葉……1束
ごま油……小さじ1
A│薄口しょうゆ……小さじ2
　│酢、みりん……各小さじ1½
金ごま(または白ごま)……適量

◉作り方
1　切り干し大根は洗って、絞らないでボウルに入れ、5分ほどおく。食べやすく切って、水気を絞る。
2　えのきだけは根元を切り落とし、三つ葉とともに2〜3cm長さに切る。
3　フライパンにごま油を熱し、①を炒める。②を加えて炒め、Aを加えて炒め合わせる。
4　器に盛って、ごまを振る。

やわらかく煮上がった大根は
肉のうま味をたっぷりと含んで

小松菜と厚揚げと豚肉の炒め物

肉や厚揚げはあまり動かさずに香ばしく焼いて。
小松菜の茎と葉は時間差で加えると、歯ざわりよく仕上げられます。

●材料・2人分
豚バラ薄切り肉……80g
小松菜……150g
厚揚げ……80g
しょうがのみじん切り……15g
にんにくのみじん切り……1/2かけ分
塩……ひとつまみ
ごま油……小さじ2
A | オイスターソース……小さじ1
　| 酒……小さじ1
粗びき黒こしょう……適量

●作り方
1　豚肉は5cm幅に切る。小松菜は5cm長さに切り、葉と茎を分けておく。厚揚げは5mm厚さの2〜3cm角に切る。
2　フライパンにごま油、しょうが、にんにくを入れ(a)、弱火にかける。香りが出てきたら豚肉を入れ、あまり動かさずに焼く。
3　②の豚肉から脂が出てきたら、周りに厚揚げを入れる。焼き色がつくまで両面を焼き、塩を振る。
4　火を強めて小松菜の茎を入れ、さっと炒める。葉を加え、Aを回しかけて炒め合わせる。
5　器に盛り、黒こしょうを振る。

しょうがとにんにくは熱した油に入れると焦げるので、常温の油に入れて火にかけます

大根と梨とホタテのサラダ

果物の梨をサラダに使うという目からウロコのアイデアレシピ。
梨の自然な甘味で、やさしい風味に。

●材料・2人分
大根(皮をむいた状態で)
　……70g
梨……1/4個
ホタテ貝柱缶詰(小)……1/2缶
塩……少々
酢……大さじ1/2
きび砂糖……ひとつまみ
青じそ……2枚

●作り方
1　大根は千切りにしてボウルに入れ、塩を振って混ぜる。しんなりしたらさっと洗って、しっかり絞る。
2　梨は皮をむいて芯を除き、千切りにする。ホタテは缶汁をきってほぐす。
3　ボウルに①、②、酢、砂糖を入れて混ぜ、味見をして、好みで塩(分量外)を足す。青じそをちぎって加え、ざっと和える。

厚揚げや肉と炒めた小松菜は
シャキシャキした歯ざわり。
しょうがやにんにくの香りが
食欲をそそります

ロール白菜

白菜はキャベツより繊維が強いので、
食べるときにナイフで切ると食べやすくなります。

◉材料・2人分
白菜(やわらかいところ)……4枚
A│豚ひき肉……100g
 │干ししいたけ……大1個(小なら2個)
 │玉ねぎ……¼個
 │しょうが……10g
 │長いも……30g
 │片栗粉……大さじ1
 │酒、薄口しょうゆ……各小さじ1
 │こしょう……適量
B│だし……400mℓ
 │酒、薄口しょうゆ、みりん
 │　……各大さじ1
 │こしょう……少々

◉作り方
1　Aの干ししいたけは水につけて戻し、軸を除いてみじん切りにする。玉ねぎ、しょうがもみじん切りにする。長いもはすりおろす。
2　白菜は軸から入れてゆで、湯をきって盆ザルに広げて冷ます。粗熱が取れたら、軸の分厚い部分をそぎ取る。
3　そぎ取った白菜は細かく切り、しっかり絞る。
4　①、③と残りのAをボウルに入れてよく混ぜる。4等分し、ハンバーグの要領で手に打ちつけて空気を抜く。
5　②の白菜に④をそれぞれのせて巻き、両端をしっかり中に押し込む(a)。
6　小さめの鍋に⑤を入れる。Bを加えて火にかけ、煮立ったら火を弱めて30分ほど煮る。味見をして、好みで塩、こしょう(各分量外)を加えて味を調える。煮詰まった場合は、だし(分量外)を加える。
7　器に盛り、煮汁をたっぷりとかける。

a　白菜の葉はキャベツより幅が狭いので、くるくる巻いたあと、両端を中に入れて留めます

カリフラワーとブロッコリーのアンチョビーソース

アンチョビーとにんにくに軽く火を通すので、食欲をそそる香りに。
野菜はどちらか1種類でもOK。

◉材料・2人分
カリフラワー、ブロッコリー
　……各100g
アンチョビー……3枚(大なら2枚)
オリーブオイル……小さじ2
にんにくのすりおろし……小さじ½
マヨネーズ……大さじ1

◉作り方
1　アンチョビーは小さく刻む。
2　フライパンに①とオリーブオイルを入れて弱火にかけ、アンチョビーの香りが立ったら火を止め、にんにくを加えてなじませる。
3　②を小さいボウルなどに移し、マヨネーズを加えてよく混ぜる。
4　カリフラワーとブロッコリーは小房に分け、食べる直前に塩ゆでしてザルに上げる。器に盛り、熱いうちに③のソースをかけていただく。

熱々のスープごと、いただきます！体が温まる冬のごちそう

白菜、がんも、鶏肉の煮物

うま味たっぷりの汁がおいしい
ボリュームのある煮物。

●材料・2人分
白菜……250g
がんもどき(小)……100g
鶏もも肉……100g
えのきだけ……50g
A│だし……200mℓ
 │酒……大さじ1
 │薄口しょうゆ……大さじ1
B│しょうがの千切り……10g
 │みりん……小さじ2

●作り方
1　白菜は葉と軸に分け、葉はざく切り、軸は細切りにする。えのきだけは根元を切り落とし、半分の長さに切る。
2　がんもどきは熱湯をかけて油抜きし、鶏肉はひと口大に切る。
3　小さめの鍋に①を入れ、がんもどきをのせる。Aを加えてフタをし、中火にかける。煮立ったら火を弱め、白菜がしんなりするまで煮る。
4　フタを開けて鶏肉を加え、煮汁に沈ませ、再びフタをして鶏肉に火が通るまで煮る。
5　フタを開けてがんもどきが下にくるように動かし(a)、Bを加えてひと煮立ちさせる。味見をして、好みで薄口しょうゆ小さじ1(分量外)を足す。

上のがんもどきと下の白菜を入れ替えると、がんもどきが煮汁に浸って味がしみていく。がんもどきは破らないよう注意して

余った白菜で
翌日のサブおかず

焼き白菜

煮物とはまた違う香ばしさ。
辛子じょうゆやポン酢をつけてもおいしい。

●材料・2人分
白菜……200g
ごま油……小さじ1
酒……小さじ1
塩……少々

●作り方
1　白菜は芯をつけたまま、縦に切る。
2　フライパンにごま油を熱し、白菜を入れてフタをし、中火で焼き色がつくまで焼く。裏返して酒を加え、弱火にしてフタをし、蒸し焼きにして中まで火を通す。
3　器に盛り、塩を振る。

ほうれん草、牛肉、春雨のチャプチェ風

マンネリごま和えから卒業!
ヘルシーな炒め物にたっぷりと。

◉材料・2人分
ほうれん草……2/3束
玉ねぎ……1/2個
にんじん……50g
パプリカ(赤)……1/8個
しめじ……50g
春雨……60g
牛切り落とし肉
　(すき焼き用)……150g
A｜きび砂糖、酒、
　　しょうゆ
　　……各大さじ1
　　ごま油……小さじ2
　　にんにくのすりおろし
　　……少々
ごま油……小さじ1
塩、こしょう
　……各適量
きび砂糖……小さじ1/2
薄口しょうゆ
　……小さじ2
白ごま、松の実
　(あれば)
　……各適量

◉作り方
1　ほうれん草はゆでて水にとり、水気をしっかり絞る。5cm長さに切り、再度しっかり絞り、ざっとほぐす。
2　玉ねぎは薄切り、にんじんは千切り、パプリカは細切りにする。しめじは石づきを取ってほぐす。
3　春雨は火を止めた熱湯に入れ、約2分、芯が少し残るくらいまで戻す。ザルに上げて洗い、水気をきって食べやすく切る。
4　牛肉は食べやすく切り、混ぜ合わせたAをもみ込んでおく。
5　フライパンにごま油を熱し、②を一気に入れ、食感が残るくらいまで炒める。塩ひとつまみ、こしょう少々を振って混ぜ、いったん取り出す。
6　⑤のフライパンを熱して牛肉を炒め、まだ赤い部分があるときに春雨を加える(a)。汁気が春雨によくなじむよう、からめながら炒め、⑤を戻し入れ、①も加え、きび砂糖、薄口しょうゆ、こしょうを加え、全体を混ぜながら手早く炒める。味見をして、好みで薄口しょうゆ小さじ1(分量外)を足す。器に盛り、ごまと、あれば松の実を散らす。
※ほうれん草は1束まとめてゆでておくと、翌日の卵焼きがすぐ作れる。

牛肉に火が通ってから春雨を加えて炒めると肉がかたくなってしまうので、まだ赤い部分があるうちに春雨を加えるのがコツ

余ったほうれん草で
翌日のサブおかず

ほうれん草と明太子の卵焼き

朝ごはんのおかずにもいいし、
しっかり焼いてお弁当に入れても。

◉材料・2人分
ゆでたほうれん草……1/3束分
明太子……小1腹(約30g)
卵……2個
塩……ごく少々
ごま油……小さじ2

◉作り方
1　ゆでたほうれん草は細かく刻み、水気をしっかり絞る。
2　明太子は薄皮から中身をしごき出す。
3　ボウルに卵を割りほぐし、塩と①を加えて混ぜる。
4　卵焼き器にごま油を入れて中火で熱し、③を一気に流し入れる。手早く菜箸でかき混ぜ、半熟状態で明太子を中央に置く。火を弱め、上下から折りたたんで3つ折りにし、裏返して両面を焼く。
5　食べやすい大きさに切り分ける。

タラとほうれん草の山いもグラタン

栄養バランスのいいひと皿です。
鍋物の具でタラが1切れ、余ってしまったときなどにもぜひ。

●材料・2人分
タラ(切り身)……1切れ
塩、薄力粉……各適量
ほうれん草……½束
ベーコン……30g
しめじ……50g
ねぎ……½本
にんにく……1かけ
A │ 山いも……150g
　│ 牛乳……50ml
　│ 麦みそ……10g
オリーブオイル……小さじ2＋大さじ1
パン粉……大さじ2
ミックスチーズ(溶けるタイプ)……50g

●作り方
1　オーブンを250℃に予熱する。
2　タラは両面に塩を振り、10分ほどおいてキッチンペーパーで水気をふく。6等分に切り、はけで薄力粉を薄くまぶす。
3　ほうれん草はさっとゆでて3cm長さに切り、水気をよく絞る。ベーコンは1cm幅に切り、しめじは石づきを切り落としてほぐす。ねぎは斜め切り、にんにくは薄切りにする。
4　Aの牛乳に麦みそを加えてよく混ぜ、山いもをすりおろして加え混ぜる。
5　フライパンにオリーブオイル小さじ2、ベーコン、にんにくを入れて火にかける。にんにくの香りが立ち、ベーコンから脂が少し出てきたら、フライパンの端に寄せる。②のタラを加え、両面に軽く焼き色をつける(a)。
6　⑤にしめじ、ねぎを加えて炒め、少ししんなりしたらほうれん草と④を加えてよく混ぜる。チーズの半量を加えて軽く混ぜ、耐熱容器に入れる。
7　⑥にパン粉を振り、オリーブオイル大さじ1をかけ、残りのチーズをのせる。250℃のオーブンで、焼き色がつくまで20〜25分焼く。

タラは崩れやすいので、さわりすぎないこと。焼き色がつくまで焼きつける感じで

水菜とりんごのサラダ

歯ざわりよく仕上げるため、食べる直前に作りましょう。
青じその千切りを加えても。

●材料・2人分
水菜……¼束(約50g)
りんご……¼個
塩……小さじ¼
ごま油……小さじ1
酢(あれば「千鳥酢」)……小さじ2

●作り方
1　水菜は5cm長さに切り、水に放してパリッとさせ、水気をしっかりきる。りんごは洗って、皮ごと千切りにする。
2　①をボウルに入れ、塩、ごま油、酢を加えてざっと混ぜ、器に盛る。

山いもをつなぎにした野菜たっぷりのヘルシーグラタン

ごぼう、ほうれん草、牛肉のすき焼き風

牛肉は少量ですむので、やわらかくていいものを！　れんこん、大根、きのこなどを入れてもおいしい。土鍋のほか、フライパンや厚手の鍋でも作れます。

◉材料・2人分
和牛切り落とし肉……100g
ごぼう……100g
ほうれん草……½束
玉ねぎ……½個
しらたき……100g
焼き豆腐……½丁
にんにく……1かけ
牛脂……1個
A｜酒、しょうゆ、きび砂糖
　｜……各大さじ3

◉作り方
1　牛肉は食べやすく切る。
2　ごぼうは太めのささがきにし(a)、ゆでてザルに上げる。ほうれん草はゆでてザルに上げ、食べやすく切る。玉ねぎは繊維に直角に1cm幅に切る。しらたきは水からゆで、ザルに上げて食べやすく切る。焼き豆腐は4等分に切る。にんにくは芯を取ってつぶす。
3　Aをよく混ぜ合わせる。
4　土鍋(またはフライパンなど)に牛脂とにんにくを入れて温め、①の肉を入れ、上からAを大さじ2ほどかけて炒める。肉の色がある程度変わったら、いったん肉だけ取り出す。
5　④の鍋にごぼう、玉ねぎ、しらたきを入れ、上からAを大さじ4ほどかけ、フタをして煮る。水分が出てきたら、スペースをあけて焼き豆腐を入れて煮て、煮汁がなじんだら④の肉を戻し、ほうれん草を加える。味見をして、残りのAを適宜足す。好みで卵(分量外)を添えても。

a　ごぼうは下ゆでして、さらに煮るので、太めのささがきにすると食感が残っておいしい

キャベツとすだちのナムル

少ない材料で簡単に作れるナムルは、歯ざわりのいいキャベツをごまの風味で。冷めないうちに、すぐいただきます。

◉材料・2人分
キャベツ……150g
塩……ひとつまみ
ごま油……小さじ1
すだち……½個(または酢少々)
白ごま……適量

◉作り方
1　キャベツは食べやすい大きさに切るか、手でちぎる。さっとゆでてザルに上げ、菜箸でザルに押しつけながら水気をきる。
2　①をボウルに入れ、塩、ごま油を加えて和え、すだちを絞る。味見をして、好みで塩(分量外)を足し、ごまを振る。

牛肉のうま味たっぷりの煮汁がしみた野菜や豆腐。土鍋ごと、熱々を食卓へ

ブロッコリーと豚肉のカレーフリット

肉とブロッコリーは、一緒に揚げても大丈夫。
カリフラワーでもおいしく作れます。

◉材料・2人分
ブロッコリー……150g
豚ヒレ肉(かたまり)……150～200g
塩、こしょう……各少々
A | 薄力粉……80g
  | 塩……ふたつまみ
  | カレー粉……小さじ2
  | オリーブオイル(またはほかのオイル)
  | ……小さじ2
炭酸水……200～240ml(様子を見て加える)
揚げ油……適量

◉作り方
1 ブロッコリーは小さめの小房に分け、洗ってしっかり水気をふき取る。
2 豚肉は1cmくらいの厚さに切り、包丁の背でたたいて広げ(a)、塩、こしょうを振る。
3 ボウルにAと炭酸水200mlを入れて混ぜ、具材によくからむ状態になるまで、様子を見ながら炭酸水を足して混ぜる。
4 ①と②をそれぞれ③の衣にくぐらせ、160℃の油に入れてカラッと揚げる。
※このままでもおいしくいただけますが、お好みで塩を振ったり、スイートチリソースなどをつけても。子供にはトマトケチャップがおすすめ。

1.5倍ほどの大きさが、たたいて広げる目安。揚げるときに火が通りやすくなります

にんじんサラダ

フレッシュなにんじんは歯ざわりがよく、
自然な甘味がドレッシングによく合います。

◉材料・2人分
にんじん……150g
塩……少々
A | 粒マスタード……小さじ1
  | きび砂糖……小さじ2
  | 酢……大さじ1
  | オリーブオイル……小さじ2

◉作り方
1 にんじんは皮をむいて千切りにし、塩を振って混ぜる。しんなりしたらさっと水で洗って、しっかり絞る。
2 ボウルにAを入れてしっかり混ぜ、①を入れてよく和える。好みで塩(分量外)を足し、味を調える。
※少し味をなじませたほうがおいしい。

豚ヒレ肉とブロッコリーのフリットは、カリッとした食感とカレーの香り

カリフラワー、じゃこ、ちくわののりかき揚げ

油との相性がいいカリフラワーを、こんがりと香ばしくかき揚げに。
のりの上に具をのせて、少ない油で揚げると簡単！

●材料・2人分
カリフラワー……150g
ちくわ……1本(50g)
ちりめんじゃこ……10g
のり(全形)……2枚
薄力粉……小さじ1½
A│天ぷら粉、水……各大さじ5
B│ごま油……小さじ½
　│塩……ひとつまみ
揚げ油……適量

●作り方
1　カリフラワーは小さめに切り、ちくわは縦4等分にして5mm厚さに切る。のりは1枚を6等分に切る。
2　ボウルにカリフラワー、ちくわ、じゃこを入れ、薄力粉を加えてまぶす。
3　別のボウルにAを入れて溶き、Bを混ぜ、②に加えて混ぜる。
4　フライパンに1cm深さに油を入れ、170℃に熱する。のりに③をのせ、両端を持って油に静かに入れる。薄く焼き色がつくまで揚げ(a)、裏返してカラッと揚げる。のりを上にして油をきり、返して熱いうちに塩(分量外)を振る。

のりと接しているタネの下の部分が固まるまで、さわらないで揚げるのがコツ。固まったら、裏返してもバラバラにならない

余ったカリフラワーで
翌日のサブおかず

カリフラワーのツナ和え

カリフラワー自体は淡白な味なので、
ツナマヨしょうゆ味でしっかりメリハリを。

●材料・2人分
カリフラワー……100g
ツナ缶……1缶(70g)
マヨネーズ……大さじ1
薄口しょうゆ……小さじ½
白ごま……適量

●作り方
1　カリフラワーは小房に分けてゆで、ザルに上げて粗熱を取る。
2　ボウルに①、ツナ缶(缶のオイルごと)、マヨネーズ、薄口しょうゆを入れて和える。
3　器に盛り、ごまを振る。

かぶとお揚げの袋包み煮

煮汁はだしいらずだから簡単！
コリコリしたごぼうの食感がアクセントです。

●材料・2人分
油揚げ(厚みのあるもの)……2枚(100g)
かぶ……2個(あれば葉付き)
ごぼう……20g
鶏ひき肉……80g
絹ごし豆腐……40g
溶き卵(よく溶く)……1/2個分
A｜ねぎのみじん切り……5cm分
　｜しょうがのみじん切り……5g
　｜酒……小さじ1
　｜薄口しょうゆ……小さじ1/2
　｜塩……ひとつまみ
　｜こしょう……少々
B｜水……300ml
　｜酒、薄口しょうゆ……各大さじ1
　｜きび砂糖、濃口しょうゆ……各小さじ2
　｜みりん……小さじ1
　｜昆布……5cm角

●作り方
1　油揚げは熱湯をかけて油抜きし、半分に切って、手で袋を開く(a)。
2　かぶは葉付きの場合、茎を少し残して葉と切り離す。縦半分に切り、皮は好みでむく。葉はやわらかい部分を少しゆでる。ごぼうは洗って5mm角に切る。
3　ボウルにごぼう、鶏ひき肉、豆腐、溶き卵、Aを入れてよく混ぜる。
4　①の油揚げに4等分した③を詰め、ゆでたかぶの葉で口を結ぶ(かぶの葉がない場合はゆでた三つ葉、または楊枝などで留める)。
5　鍋にかぶ、④、Bを入れて中火にかけ、10〜15分、時々返しながら煮る。

半分に切って、手で袋状に開きます。このとき、油揚げが薄いと、袋が破れることも

かぶの葉としめじの辛子ごま和え

かぶの葉がないときは小松菜で。
しばらくおいてから食べると、味がなじんでよりおいしくなる。

●材料・2人分
かぶの葉……2個分
　(または小松菜1/2束)
しめじ……50g
酒……大さじ1/2
A｜練り和辛子、薄口しょうゆ
　｜　……各大さじ1/2
　｜きび砂糖……小さじ1
　｜白すりごま……大さじ1 1/2

●作り方
1　かぶの葉はゆでて冷水にとり、水気を絞って3cm長さに切る。
2　ボウルにAを入れて混ぜ合わせる。
3　しめじは石づきを切り落としてほぐし、鍋に酒とともに入れる。火にかけて、しめじがしんなりするまでいる。
4　③を②に加え、①も加えて和える。

「福を包む」お揚げの袋包み。
ふっくらと煮てメインのおかずに

かぶ入り鯛めし

だしが出るので、切り身は必ず骨付きのものを。
炊き上がったら細かい骨を除くのを忘れないで。

◉材料・2人分
米……2合
鯛(切り身、骨付き)……2切れ
塩……小さじ½
かぶ……1個
三つ葉(あれば木の芽)……適量
A ┃ だし……380mℓ
　 ┃ 酒……大さじ2
　 ┃ 薄口しょうゆ……大さじ1
　 ┃ みりん……小さじ1
　 ┃ 塩……小さじ¼

◉作り方
1　米はやさしくとぎ、1時間ほど浸水させ、ザルに上げる。
2　鯛は塩をまぶして20分ほどおく。
3　かぶは茎を切り落とし、皮ごと1cm角に切り、三つ葉はざく切りにする。
4　鯛の水気をふき、表面を香ばしく焼く(a)(このとき、中まで火が通っていなくてもよい)。
5　土鍋に米、かぶ、Aを入れて混ぜ、④をのせてフタをし、強めの中火にかける。沸騰して湯気が勢いよく出てきたら、ごく弱火にして13分炊く。火を止めて、10分ほど蒸らす。
6　⑤の土鍋から鯛を取り出してほぐし、戻して混ぜる。茶碗に盛り、三つ葉を散らす。
※炊飯器でも同様に炊けます。

炊く前に皮を香ばしく焼いておくと、魚の生臭みがなくなります。表面だけ焼けばOK

キャベツと青じそのレモン浅漬け シラスのせ

歯ざわりのいいキャベツを、レモン、青じそ、ごまの香りで。
シラスの量は好みで増やしても。

◉材料・2人分
キャベツ……100g
塩……小さじ¼
青じそ……2枚
レモン汁……小さじ1
シラス干し……大さじ2(好みの量で)
白ごま……適量

◉作り方
1　キャベツは千切りにし、塩をまぶしてしんなりするまでおく。水気が出てきたら、しっかり絞る。
2　青じそも千切りにし、キャベツに加えて混ぜ、レモン汁を加えて和える。
3　器に盛り、シラスをのせてごまを振る。

切り身で作れるから簡単！
普段のごはんにおすすめの
かぶ入り鯛めし

かぶとエビの豆乳グラタン

ホワイトソースがなくてもOK。
エビや鶏ひき肉とこんがりと。

●材料・2人分
かぶ……2個
エビ……6尾
鶏ひき肉……70g
ゆで卵……2個
スナップえんどう……6本
バター……15g
にんにくのみじん切り……½かけ分
玉ねぎの粗みじん切り……½個分
薄力粉……大さじ1
豆乳（または牛乳）……200ml
塩……小さじ½
こしょう……少々
A ┃ パルメザンチーズ……大さじ2
　 ┃ パン粉……大さじ1
オリーブオイル……大さじ1

●作り方
1　オーブンを250℃に予熱する。
2　かぶは茎を切り落とし、皮ごと6～8等分に切り、半分に切る。塩小さじ1（分量外）をからめて5分ほどおき、水分が出てきたらさっと洗い、キッチンペーパーに包んで水気を絞る。
3　エビは殻をむき、片栗粉少々（分量外）を振って軽くもみ、洗い流す。水気をふき、背ワタを取る。
4　ゆで卵は6等分に切り、スナップえんどうはすじを取って両端を切り落とす。
5　フライパンにバターとにんにくを入れて熱し、玉ねぎを加えてよく炒める。ひき肉も加えて炒め、肉の色が変わったら薄力粉を振り入れてさらに炒める（a）。
6　豆乳を⅓量ほど加えて木べらでよくなじませ、残りの豆乳も加え、塩、こしょうを振る。混ぜながらとろりとするまで加熱し、②～④を加えて軽く混ぜ、耐熱容器に移す（この段階ではエビは生でもOK）。
7　Aを全体に振り、オリーブオイルを回しかける。250℃のオーブンで15～20分焼く。

炒めた玉ねぎとひき肉に薄力粉をからめて火を通し、豆乳で溶きのばしていくと、ダマにならない。絶対失敗しない簡単な方法です

余ったかぶで
翌日のサブおかず

かぶとトマトのサラダ

生のかぶは歯ざわりがよくてフルーティ。
トマトの甘味とよく合います。

●材料・2人分
かぶ……1個
トマト……小1個
A ┃ オリーブオイル……小さじ2
　 ┃ 酢……小さじ2
　 ┃ 塩、こしょう……各少々
　 ┃ きび砂糖……ひとつまみ

●作り方
1　かぶは茎を切り落とし、皮をむいて6～8等分に切り、塩小さじ½（分量外）をからめて5分ほどおく。水分が出てきたら、さっと洗って水気を絞る。
2　トマトは6等分に切る。
3　ボウルにAを入れてしっかり混ぜて乳化させ、①、②を加えて和える。味をみて、足りなければ塩少々（分量外）を足す。

青山有紀（あおやま ゆき）

1974年、京都市生まれ。大学卒業後、美容業界を経て2005年、東京・中目黒に京おばんざいの店『青家』、2010年に京甘味とおもたせの店『青家のとなり』をオープン。国立北京中医薬大学日本校で国際中医薬膳師資格を取得し、「大切な人が元気になれるように」素材を生かした料理を作る日々。『「青家」のごはん』（集英社）、『女性のための養生ごはん』（マイナビ）など著書多数。http://www.aoya-nakameguro.com/

料理・器	青山有紀	
撮影	馬場わかな	神林 環（P40〜47）
デザイン	葉田いづみ	小川恵子
校正	みね工房	
編集	杉山奈小美	

Special thanks to Masako Kaide, Noriko Ichida

※本書は『LEE』2012年5月号〜2016年5月号に掲載された記事より抜粋し、加筆・修正をしたものです。

野菜が主役の晩ごはん

2017年4月10日　第1刷発行

著　者　青山有紀

発行人　田中 恵
発行所　株式会社　集英社
　　　　〒101-8050
　　　　東京都千代田区一ツ橋2-5-10
　　　　電話 03-3230-6399（編集部）
　　　　　　 03-3230-6080（読者係）
　　　　　　 03-3230-6393（販売部・書店専用）

印刷所　大日本印刷株式会社
製本所　ナショナル製本協同組合

造本には十分注意しておりますが、乱丁・落丁（本のページ順序の間違いや抜け落ち）の本がございましたら、購入された書店名を明記して、小社読者係宛にお送りください。送料小社負担でお取替えいたします。ただし、古書店で購入されたものについてはお取替えできません。本書の一部、あるいは全部の写真、文章の無断転載及び複写は、法律で認められた場合を除き、著作権、肖像権の侵害となり、罰せられます。また、業者など、読者本人以外による本書のデジタル化は、いかなる場合でも一切認められませんのでご注意ください。

©Yuki Aoyama 2017 Printed in Japan
ISBN 978-4-08-333150-3　C2077
定価はカバーに表示してあります。